Robert Schrotzenberger

Francofurtensia

Aufzeichnungen zur Geschichte von Frankfurt am Main

Robert Schrotzenberger

Francofurtensia
Aufzeichnungen zur Geschichte von Frankfurt am Main

ISBN/EAN: 9783743667143

Hergestellt in Europa, USA, Kanada, Australien, Japan

Cover: Foto ©ninafisch / pixelio.de

Weitere Bücher finden Sie auf **www.hansebooks.com**

Francofurtensia.

Aufzeichnungen

zur

Geschichte von Frankfurt am Main

von

Robert Schrotzenberger.

Frankfurt a/M. 1881.
C. NAUMANN'S DRUCKEREI.

So freundlich an des Maines schönem Strande,
So gross in deines Alterthumes Glanz,
Im guten lieben deutschen Vaterlande,
Hoch strahlst du in der Städte edlem Kranz;
Die Freiheit schirmet deines Handels Blüthe,
Der Handel hält des Reichthums alten Bau,
Die Religion, die Sittlichkeit, die Güte,
Sie wohnen noch in Frankfurts fleiss'gem Gau.
Und ringsherum, ein Schooskind der Natur,
Bekränzt die freie Stadt die freie Flur!

*Ant. **Kirchner** 1818.*

Vorwort.

Nachdem ich in den Frankfurter Hausblättern vom Jahre 1880 einen Theil der nachstehenden Aufzeichnungen, chronologisch geordnet, veröffentlicht, und dabei in Aussicht genommen hatte, solche später nach alphabetischer Ordnung umzugestalten, um dadurch ein leichteres Auffinden einzelner Punkte zu ermöglichen, wurde mir von vielen Seiten die Ausführung dieser Absicht sowohl, als auch nach Eingehen der Hausblätter die Veröffentlichung in einem besonderen Werkchen als allgemeiner Wunsch bezeichnet.

Diesem Wunsche nachkommend, habe ich bei Umarbeitung des früher gesammelten Materials dieser neuen Aufstellung gleichzeitig wesentliche Ergänzungen und Berichtigungen eingefügt.

Zwar existiren neben Lersner's Chronik, welche die ältere Zeit Frankfurts behandelt, verschiedene andere chronistische Arbeiten über die Stadt, wie z. B. von Stock, Moritz, Faber, Gaudelius, Döring, Lucae, Heyner etc., allein auch diese behandeln meistens frühere Zeitabschnitte; darum war ich bemüht, neben den Aufzeichnungen älteren Datums auch die neueren, bis in die Gegenwart reichenden Begebenheiten zu berücksichtigen.

Heyner's Werkchen*), als die jüngste Arbeit, bietet insofern wenig Interesse, als solches nur historische Anhaltspunkte berührt und über sonstige mehr interne Verhältnisse hinweggeht.

Die bekannten Auszüge der Frau Maria Belli-Gontard aus dem Intelligenzblatt enthalten viele schätzenswerthe Anmerkungen sowohl, als auch von derselben beigefügte Berichtigungen, welche ich mit ganzer Anerkennung gegen diese Arbeit benutzt habe.

---

*) Kleines Gedenkblatt für Frankfurts grosse und kleine Kinder.

So übergebe ich dieses Werkchen der Oeffentlichkeit mit dem Wunsch, es möchten sich Alle, die sich für Frankfurts Geschichte im weiteren Sinne interessiren, in demselben ein willkommenes Hilfsmittel finden, in Betreff dieses oder jenes Ereignisses, dieser oder jener Persönlichkeit u. s. w. sich chronologische Gewissheit zu verschaffen.

Indessen vermag ich diese Aufstellung nicht als abgeschlossenes Ganze zu betrachten, sondern nehme recht gern Ergänzungen sowie allenfallsige Berichtigungen mit bestem Danke entgegen.

Frankfurt a. M., am 94. Geburtstage
der Frau Maria Belli-Gontard, 30. April 1881.

Der Verfasser.

Abendschule für Zeichnenunterricht, eröffnet 1828, ging 1879 an die Kunstgewerbeschule über.
Accise, neue, trat in's Leben 1. Mai 1864, aufgehoben 1. Januar 1875.
Achawa, Verein zur Unterstützung hülfsbedürftiger israelitischer Lehrer, Lehrerswittwen und Waisen in Deutschland, gegründet 1864.
Ackermann, Johann Adam, Kunstmaler, geboren 1780 zu Mainz, gestorben 27. März 1853.
  „ Wilhelm Heinrich, Lehrer an der Musterschule und gew. Lützow'scher Jäger, geb. 25. Juni 1789 zu Auerbach im sächsischen Voigtlande, gest. 27. März 1848.
Ackermannstrasse nach demselben benannt.
Adlerflychtstrasse, benannt nach der seit 1755 dahier existirenden Familie v. Adlerflycht, deren Hofgut sich an diesem Platze befand.
Adressbuch, von Samuel Jacob Schröckh, 1773 unter dem Titel „Frankfurter Merkantil-Schema" gegründet, von 1784 an von Johann Philipp Streng und von 1832 an von Georg Friedrich Krug fortgesetzt.
Aelteste urkundliche Nachricht von Frankfurt. In einer von Kaiser Karl dem Grossen am 22. Februar 794 dahier ausgestellten Urkunde wird es ein königlicher Pallast genannt.
Aeltestes bekanntes Privilegium der Stadt von 1219. Kaiser Friedrich II. schenkt einen Platz zur Erbauung einer Kirche. (Die St. Leonhardskirche.)
Aerztlicher Verein, gegründet 3. November 1845.
  „ Pensions- und Hülfsverein, gegründet 4. November 1876.
Affenthor, erbaut 1809.
Albrecht I., Kaiser Rudolph's von Habsburg Sohn, erwählt zum Römischen König 9. August 1298.
  „ II., zum Kaiser erwählt 30. Mai 1438.
Allerheiligenschule, eröffnet 17. Mai 1824.
Allerheiligenthor, erbaut 1810.
Almosenkasten, von Johann Wiesebeder aus Idstein, Meister in den sieben freien Künsten und Lehrer der Arznei, gegründet 1428; reorganisirt 1530.
  „ evangelisch-lutherischer, gegründet 1. März 1828.
  „ der israelitischen Gemeinde, gegründet 1845.
Alpenverein, deutsch-österreichischer, gegründet 1869.
Annaschule, eröffnet 1879.

Anstalt zur Nachweisung von Arbeit, gegründet 1850.
Antoniter-Kloster an der Antoniter- (jetzt Tönges-) Gasse, gestiftet 1236,
　　mit Kirche geschlossen und niedergelegt 1804.
Anzeiger, Frankfurter, erschien zum erstenmal 22. November 1849 unter
　　dem Titel „Strassen-Anzeiger", welchen er bis 8. December 1850
　　führte; eingegangen 31. December 1880.
Arbeitshaus am Klapperfeld (Gerichtsgefängniss), erbaut 1809, eröffnet
　　5. Juli 1810.
Arion (Gesangverein), gegründet 7. März 1837; der neue 1870.
Armenkasten (Stipendium pauperum) der katholischen Gemeinde, ge-
　　gründet 1593.
Armenklinik, gegründet 1834.
Armenverein, gegründet 19. November 1879.
Arndtstrasse, benannt nach dem Dichter Ernst Moritz Arndt (geb.
　　26. December 1769, gest. 29. Januar 1860.
Arnsburgerschule, eröffnet 12. April 1877.
Arnulph, zum Römischen König erwählt 887.
Assissen, siehe Schwurgericht.
Astrolabium, siehe Uhrwerk.
Auerbach, Dr. jur. Stephan Joseph Matthias, Standesbeamter, geb.
　　1. November 1836.
v. **Auerswald**, Hans, königl. preussischer Generalmajor, geb. 19. Oct. 1792,
　　gest. (ermordet) 18. September 1848.
Augenheilanstalt, gegründet 16. Juli 1845.
Aussichtsthurm am Ende des Röderberges, durch den Verschönerungs-
　　Verein erbaut 1871, vergrössert 1880.
Austria, österreichisch-ungarischer Verein, gegründet 1867.
Badeanstalt, erste öffentliche, eröffnet 23. Juni 1799 durch Hoff am
　　Leonhardsthor (jetzt Greb).
Bagge, Ehregott Wilhelm Gottlieb, Director an der Musterschule,
　　Emeritus, geb. 5. März 1781 zu Coburg, gest. 19. März 1860.
Ballenberger, Georg Carl, Maler auf dem Gebiete der christlichen
　　Historie, geb. 24. Juli 1801 zu Ansbach, Bayern, gest.
　　21. September 1860.
Bank, Frankfurter, genehmigt durch Senatsbeschluss vom 11. April 1854,
　　eröffnet 1. October 1855.
Bankerotteuren wurde 1579 auferlegt, einen gelben Hut zu tragen.
Barfüsserkirche, von den Mönchen dem Rath übergeben 5. Juni 1529,
　　niedergelegt 1786.
„　siehe auch Paulskirche.
Barfüsserkloster, zu bauen angefangen 1220.
Barrikadenkampf am 18. September 1848.
Bartholomäuskirche, gegründet und beschenkt von Ludwig dem Deutschen 854.
　　Sie hiess vorher „Der heiligen Jungfrau-Haus auf der Mauer,"
　　da sie an die älteste Stadtmauer angebaut war, dann Salvator-
　　kirche und 1238, als die Hirnschale des heiligen Bartholomäus
　　hierher gebracht wurde, Bartholomäuskirche.

Bartholomäuskirche, eingeweiht 1239 durch Liudolf, Bischof von Ratzeburg.
" der Chor zu derselben wurde zu bauen angefangen 1315, vollendet 1338, das Dach fertig Ostern 1350.
" wurde wieder für den Gottesdienst eröffnet 24. April 1878.
" siehe auch Dombrand.
Basse, Dr. phil. Johann Wilhelm Hermann, Consistorialrath und Pfarrer, berufen 1859, geb. 31. December 1820.
Batton, Johann Georg, Verfasser der Beschreibung von Frankfurt, geb. 14. Mai 1740 zu Mainz, gest. 21. April 1827.
Bauer, Dr. phil. Johann Adam Heinrich, Pfarrer der evangelisch-reformirten Gemeinde, geb. 30. Mai 1843 zu Heidelberg.
Baugesellschaft, gemeinnützige, gegründet 27. November 1860.
Baumann, Dr. phil. Johann Julius, Professor am Gymnasium, geb. 22. April 1837, folgte 1869 einem Ruf als Professor nach Göttingen.
Bayer'sche, Dr., Stiftung, gegründet 1624.
Beck, Georg Leonhard, Verfasser verschiedener Lustspiele, geb. 11. Juni 1811.
Becker, Anton Markus Johannes, Kunstmaler, geb. 7. October 1846.
" Dr. phil. Carl Christian, Consistorialrath und Pfarrer, ber. 1820, geb. 13. Juli 1789, gest. 27. Juni 1868.
" Jacob, Professor der Malerei am Städel'schen Kunstinstitut, geb. 15. März 1810 zu Dittelsheim bei Worms, gest. 22. December 1872.
" Johannes, Stiftsbotanikus, Verfasser der Flora von Frankfurt, geb. 20. Februar 1769 zu Speyer, gest. 24. November 1833.
" Peter, Kunstmaler, geb. 10. November 1828.
Beer, Dr. jur. Heinrich Ernst, Polizeirath, geb. 6. Februar 1808, gest. 23. Februar 1863.
" Wilhelm Amandus, Kunstmaler, Grossneffe von Radl, geb. 9. Aug. 1837.
Beethovenstrasse, benannt nach dem Componisten Ludwig van Beethoven (geb. 16. December 1770, gest. 26. März 1827).
Behaghel, Dr. med. Johann David, Präsident des Montagskränzchens, geb. 29. August 1804, gest. 12. Juli 1850.
Behrends, Susanna Maria (Lenau's Braut), geb. 4. October 1811.
Bell, Johann Adam, Director der Taunus-Eisenbahn, geb. 2. November 1790, gest. 10. Juni 1852.
Beisassen, Verleihung des Bürgerrechtes an dieselben, Gesetz vom 20. Februar 1849.
Beisassenschutz, organisches Gesetz über dessen Aufhebung vom 12. September 1853.
Belagerung der Stadt durch die protestantischen Fürsten am 17. Juli 1552.
Belli, Maria, geb. Gontard, Verfasserin vom „Leben in Frankfurt a. M.", geb. 30. April 1788.
Benkard, Dr. jur. Johann Philipp, gew. Stadtamtmann, Verfasser der „Geschichte der deutschen Kaiser zu den Bildern des Kaisersaales", geb. 14. Juli 1799.
Berch, Dr. phil. Ernst Andreas, Oberlehrer am Gymnasium, geb. 8. October 1839 zu Schlesswig.

Berg, Dr. jur. Carl Nicolaus, gew. zweiter Bürgermeister, Senator 4. December 1865, geb. 18. März 1826.
Bergen, Schlacht bei, am 13. April 1759.
Berger Warte, Errichtung der Denksäule am 11. October 1790.
Berly, Carl Peter Gottlob Traugott, Sachsen-Coburgischer Finanzrath und Redacteur der Oberpostamts-Zeitung, geb. 9. November 1781, gest. 9. Mai 1847.
Bernhard, Friedrich Willibald Nicolaus, Director an der Liebfrauenkirche, geb. 28. Februar 1825.
Besatzung, österreichische und preussische von 2500 Mann, rückte am 15. April 1833 hier ein.
Bethmann, Gebrüder (früher Adami), heisst seit 1748 diese Firma.
v. Bethmann, Simon Moritz, Staatsrath, geb. 31. October 1768, gest. 28. December 1826.
„ dessen Denkmal, enthüllt an seinem hundertjährigen Geburtstag, 31. October 1868.
„ Philipp Heinrich Alexander Moritz, geb. 8. October 1811, gest. 2. December 1877.
Bethmannschule, eröffnet als höhere Bürgerschule 11. Mai 1857.
Bethmannstrasse, benamt nach S. M. v. Bethmann.
Bettinastrasse, benannt nach der Schwester von Clemens Brentano, Catharina Elisabetha Ludovika Magdalena (Bettina) v. Arnim, geb. 4. April 1785, gest. 20. Januar 1859 zu Berlin.
Bibelgesellschaft, Frankfurter, gegründet 1816.
Bickenbach, Burg, verbrannten die Frankfurter 1463.
Bienenzucht-Verein, gegründet 6. Januar 1873.
Bier- und Aepfelwein-Wirthschaften etc. sollten durch Polizeiverbot vom 3. Februar 1854 an Sonn- und Festtagen nicht vor 3 Uhr Nachmittags geöffnet werden.
Bierkrawall, war am 11. April 1873.
Bittern, Carnevall-Verein, grosser Zug derselben am 2. März 1862, die Kaiserkrönung vorstellend.
Blanchard, François, dessen erste Luftschifffahrt in Frankfurt am Grindbrunnen, am 27. September 1784.
„ dessen zweite Luftschifffahrt auf der Bornheimer Haide am 3. October 1785; er fuhr bis Weilburg und kam dort zur Erde. Der Rath übernahm Namens der Stadt alle seine Unkosten und überreichte ihm das ansehnliche Geschenk von 50 doppelten Krönungsducaten.
„ (dessen Gattin) stieg am 16. September 1810 in dem Poststallmeister Klees'schen Garten am Klapperfeld auf. (Geb. 1774, verunglückte bei ihrer 67. Luftreise am 6. Juli 1819 in Paris.)
Blecher, Carl Ferdinand, Pfarrer in Bornheim, geb. 10. December 1836.
Bleichgarten an der Breitengasse, wurde 1414 von Johann v. Rohrbach erworben, ging 1862 an v. Erlanger über, später an die Stadt.
Blindenanstalt, errichtet 18. April 1837.
Blittersdorff-Anlage, vollendet 1854.

Blittersdorff-Platz, benannt nach dem Staatsminister Friedrich Landolin Carl
 von Blittersdorff (geb. 10. Febr. 1792, gest. 16. April 1861).
Blum, Georg Philipp Ernst, Pfarrer, kam in's Amt 1793, berufen 1809,
 emerit. 1858, Jubilar, geb. 13. März 1766, gest. 10. März 1863.
Bock, schwarzer (Pariser Hof), brannte am 18. Juli 1809 ab.
Bockenheimerthor, erbaut 1809.
Bockenheimer'sche Klinik, gegründet 1866, neue eröffnet am 1. Nov. 1880.
 (Dr. med. Jacob Hermann Bockenheimer, geb. 25. Dec. 1837.)
Bode, Leopold, Kunstmaler, geb. 11. März 1831 zu Offenbach.
Böhmer, Dr. jur. Johann Friedrich, Stadtbibliothekar, Verfasser der
 Kaiser-Regesten und des Urkundenbuches von Frankfurt, geb.
 23. April 1795, gest. 22. October 1863.
Böhmerstrasse, nach demselben benannt.
Bohn, Simon, Dr. theol. wirkl. Geistl. Rath und Pfarrer zu St. Bartholomäum,
 geb. 12. Mai 1787 zu Hallgarten, Nassau, gest. 7. Juni 1848.
Bolongaro, Gründer der Familie dahier war Joseph Maria Markus
 Bolongaro, geb. 25. März 1712 zu Stresa am Lago Maggiore,
 gest. 29. Mai 1779 zu Höchst.
Bonnet, Dr. theol. Johann Ludwig, Consistorialrath und Pfarrer der
 franz.-reformirten Gemeinde, geb. 9. Januar 1805 zu Dullit,
 Canton Waadt.
Börne, Ludwig, geb. 22. Mai 1786, gest. 12. Februar 1837 zu Paris.
 " Denkmal, enthüllt am 6. Juni 1877.
Bornheim, kam 1484 zu Frankfurt.
 " am 14. October 1753 fand die Einweihung der neuen Kirche statt;
 dieselbe brannte in Folge eines Blitzschlages sammt Thurm am
 17. Juli 1776 ab und wurde wieder eingeweiht am 10. October 1779
 durch Senior Dr. Mosche.
 " daselbst wurde der erste Blitzableiter auf der neuerbauten Kirche
 1781 errichtet.
 " wurde mit der Stadt vereinigt 1. Januar 1877.
Bornheimer Pforte, wurde abgerissen 1765.
 " Turngemeinde, gegründet 1860.
 " Haide, Pappelbäume auf derselben, gefällt 1864.
 " Bürgerschule, eröffnet 1. November 1865.
 " Volksschule, eröffnet Ostern 1878.
Börse, alte an der Paulskirche, wurde 1840 auf der Stelle des ehemaligen
 Barfüsserklosters erbaut.
 " neue an der Goethestrasse, eröffnet am 5. August 1878.
Böttger, Dr. phil. Rudolph Christian, Professor der Chemie, Docent am
 Physikalischen Verein seit 1835, geb. 28. April 1806 zu
 Aschersleben.
Brand, grosser, sogenannter Christenbrand am 26. Juni 1719, bei welchem
 an 400 Häuser der Ziegel-, Bock-, Kornblumen-, Grauben-, Vogel-
 gesang-, Wildemanns-, Geiss-, Trierschen-, Stein-, Gelnhäuser-,
 Schnur-, Fahr-, Tönges- und Hasengasse in Flammen aufgingen
 und 14 Menschen das Leben einbüssten.

Brand grosser in der Judengasse am 28. Juni 1721, welcher vom Bornheimerthor bis an das Judenbrückchen wüthete und 110 Häuser in Asche legte.
- „ in dem Junghof am 26. Mai 1831 Mittags nach 12 Uhr, bei welchem 11 Familien ihre ganze Habe verbrannte.
- „ im Hirschsprung in der Fahrgasse am 13. Juni 1831, Abends gegen 9 Uhr.
- „ in der Küh- und Stelzengasse am 20. Januar 1832 Morgens um 1 Uhr, wobei durchziehende Polen löschen halfen, und der Lieutenant vom dritten Uhlanen-Regiment, v. Wodoritzky, zwei nackte Kinder aus einem in Flammen gestandenen Hause rettete.
- „ bei Zimmermeister Koch vor dem Obermainthor auf den Mess-Nickelchestag, am 1. Mai 1843.
- „ am 5. April 1845 bei dem Materialisten J. M. Andreae (Steitz'sches Haus) auf dem Markt.

Brandassecuranz, gegründet 1817, Feuerversicherungs-Anstalt 1810.

Braunfels, Haus zum, ging durch Kauf 1694 an die adelige Gesellschaft zum Haus Frauenstein über, später an die Firma Schwab & Schwarzschild.

Bräutigam, Dr. phil. Joseph Georg Friedrich, Lehrer an der Klingerschule, geb. 11. September 1834 zu Stuttgart, gest. 17. Juni 1878.

Bremen, Abfahrt der Schützen zum zweiten deutschen Bundesschiessen am 14. Juli 1865.

Brentano, Clemens, geb. 9. September 1778, gest. 28. Juli 1842.

Brentanostrasse, nach demselben benannt.

Breuer, Philipp, Schauspieler, gest. 27. November 1851 zu Wiesbaden, 37 Jahre alt.

Brönner, Johann Carl, Senator, Stifter der Pfründner-Anstalt im Bürgerhospital, geb. 4. Juni 1738, gest. 22. März 1812.

Brönnerstrasse, nach demselben benannt.

Brücke, Bau der ersten hölzernen über den Main 1035, welche 1235 bei einem grossen Eisgang zusammenstürzte.
- „ Bau der ersten steinernen 1276, welche 1306 theilweise zerstört wurde.
- „ Bau der zweiten steinernen 1336.
- „ die jetzige, wurde nach der grossen Wasserfluth 1342 erbaut, die runden Pfeiler dagegen erst 1740 angebracht.
- „ auf derselben wurden die zwei Oeffnungen, welche mit Dielen belegt waren, 1840 zugemauert.
- „ an derselben stürzten am 3. April 1845 zwei Pfeiler ein.
- „ siehe auch Ober- und Untermainbrücke sowie Main-Neckar-Eisenbahnbrücke.

Brückenmühle, erste künstliche, wurde erbaut 1410, welche 1414 abbrannte und 1417 wieder aufgebaut wurde.
- „ brannte am 7. August 1635 bei einem Kampf zwischen kaiserlichen Truppen unter v. Lamboy, und den Schweden unter Vitzthumb um Sachsenhausen bis auf den Grund ab und wurde 1636 wieder aufgebaut.

Brückenmühle, in dieselbe schlug der Blitz am 16. Juni 1721 und brannte
  bis auf das zweite Stockwerk ab.
  „ brannte bei der Beschiessung der Franzosen und Bayern am
  1. November 1813 ab.
Brückenquai, der, wurde am 23. December 1826 vollendet.
Brückenthürme, sowie ein Theil der Brücke selbst, wurden am 1. Februar
  1306 beim Brechen der Eisdecke von den Fluthen des Mains
  weggerissen, wobei 500 Menschen das Leben einbüssten.
Brückenthurm auf der Sachsenhäuser Seite, stürzte bei grosser Wasserfluth nebst einem Theil der Brücke am 22. Juli 1342 ein,
  wurde am 29. December 1345 zu bauen wieder angefangen,
  nach drei Jahren vollendet und 1765 abgetragen.
  „ auf der Frankfurter Seite, wurde am 13. Juli 1801 niedergelegt.
Bruckner, Friedrich Conrad, Director der Musterschule, geb. 10. Mai 1801
  zu Heuchelheim, Pfalz, gest. 26. September 1851.
Brunnengeld, die Bezahlung desselben hörte mit dem 1. Januar 1862 auf.
Buchdrucker, allgemeine Kranken- und Invalidenkasse derselben, gegründet
  31. März 1834.
Buchdruckerkunst, vierte Säcularfeier der Erfindung derselben, dahier
  begangen 24./25. Juni 1840.
Buchhändler, Lokalverein der Frankfurter, gegründet im October 1878.
Buchhändler-Verband, mitteldeutscher, gegründet 4. November 1878.
Bundesschiessen, zweites rheinische, auf dem Forsthaus den 14./18. Aug. 1864.
Bundestruppen, österreichische und preussische, welche seit 15. April 1833
  hier lagen, verliessen Frankfurt am 1. October 1842.
  „ grossherzoglich hessische, rückten am 16. Juni 1866 hier ein.
Bundesversammlung, deutsche, eröffnet 5. November 1816, aufgelöst
  12. Juli 1848, wieder eröffnet 12. Mai 1851, letzte Sitzung am
  11. Juli 1866.
Bunsen, Dr. med. Carl Ludwig Friedrich, geb. 14. Januar 1796, gest.
  2. April 1839.
Bürger, Elise, geb. Hahn, dritte Gattin des Dichters, geb. 17. November
  1769 zu Stuttgart, gest. 24. November 1833.
Bürgerstrasse, benannt nach dem Dichter Gottfried August Bürger (geb.
  1. Januar 1748, gest. 8. Juni 1794).
Bürgerhospital, erster Patient (Joh. Matthäus Auernhammer) wurde
  aufgenommen den 19. Februar 1779; 100jährige Gedenkfeier
  am 19. Februar 1879.
  „ wurde eingeweiht am 21. März 1779 durch Pfarrer Johann Andreas
  Claus (gest. 25. März 1815).
  „ neues, wurde 1871 zu bauen angefangen und im Juni 1875 bezogen.
  „ siehe auch Senckenberg'sche Stiftung.
Bürgercapitain, wurde dahier zum erstenmal aufgeführt am 13. August 1821.
  Letztes Auftreten Hassel's in demselben am 26. März 1866.
Bürgermeister (Consules), erste Erwähnung derselben 1266.
Bürgermeisterwahl, erste durch Kugelung, fand am 29. März 1727 statt.

Bürger-Repräsentation, ständige, errichtet 1732, hielt ihre letzte Sitzung am 28. Februar 1868.
Bürgerschule, höhere (jetzt Bethmannschule), eröffnet am 11. Mai 1857.
„ mittlere, gegründet 1861, eröffnet am 27. Mai e.; am 3. Mai 1875 wurde solche temporär in die Ostendschule verlegt und, nachdem der Umbau vollendet war, zu Ostern 1876 als Petersschule wieder eröffnet.
Bürgerverein, alter (v. Mülhens'sches Haus seit 1802), älteste Urkunde darüber von 1394. Dasselbe kam 1597 an die Familie (v.) Kaib und v. Günderrode, 1844 durch Erbschaft an die Familie v. Leonhardi, und 1845 durch Kauf an Matthias Franz Joseph Borgnis, von welchem es der Bürgerverein 1852 für 130,000 fl. käuflich erwarb.
„ gegründet 10. Mai 1848, seit 1852 auf der grossen Eschenheimergasse.
„ in Sachsenhausen, gegründet 1848.
„ neuer, Constituirung desselben am 22. Februar 1849, Eröffnung am 1. Juni e. a.
Bürgervertrag, Unterzeichnung desselben am 23. Mai 1613.
Burger, Anton, Kunstmaler, geb. 14. November 1824.
Burnitz, Dr. jur. Carl Peter, Kunstmaler, geb. 14. Januar 1824.
„ Rudolph, Architect, fürstlich hohenzollern-sigmaring'scher Baurath, geb. 6. December 1788 zu Ludwigsburg, gest. 28. Januar 1849.
„ Rudolph Heinrich, Architect, geb. 18. Febr. 1827, gest. 13. Nov. 1880.
Buttmann, Dr. phil. Philipp Carl, Philolog, geb. 5. December 1764 dahier, gest. 20. Juni 1829 zu Berlin.

Cäcilienverein, gegründet 24. Juli 1818 durch Johann Nepomuck Scheble, (gest. 1837).
Cadetten sollen ins Linienbataillon aufgenommen werden durch Senatsbeschluss vom 19. August 1834.
Carolusglocke, 55 Centner schwer, wurde 1440 für den Pfarrthurm gegossen.
„ neue, 80 Centner schwer, wurde am 17. December 1865 durch den Geistlichen Rath Thissen geweiht und aufgezogen, welche bei dem Dombrand am 15. August 1867 schmolz.
„ siehe auch Glocken und Messglocke.
Casinogesellschaft, früher Rossmarkt, jetzt Kaiserstrasse, gegründet 1802.
Cassian, Dr. phil. Heinrich Christian Julius, Professor, Lehrer an der höheren Bürgerschule, geb. 31. October 1820 zu Hanau, gest. 9. Januar 1865.
Castellum wurde Frankfurt schon 994 genannt, also damals bereits ummauert.
Catharinenkirche, jetzige, erbaut 1680 auf demselben Platz wo die früher 1345 erbaute stand; eingeweiht den 20. Februar 1681, restaurirt 1778.
Catharinenkloster, gestiftet 1325 von Weikard Frosch, Grundsteinlegung am 8. März 1345.
Catharinenpforte, Thurm an derselben, welcher am 7. April 1690 abbrannte und 1695 wieder aufgebaut war, wurde 1790 niedergelegt.

Catharinenschule (Mittelschule), eröffnet 17. Mai 1824, nach der alten Rothhofgasse verlegt 18. November 1872.

Centralgewalt, Gesetz über die Bildung derselben, angenommen mit 450 gegen 100 Stimmen am 28. Juni 1848.

" Erklärung Preussens vom 20. Juni 1849, das rechtliche Fortbestehen derselben nicht mehr anzuerkennen.

" Uebergabe derselben durch den Reichsverweser an das Interim (v. Radowitz und Bötticher preussischer- und v. Kübeck und Schönhals österreichischerseits) am 20. December 1849.

Chemische Gesellschaft, gegründet 2. November 1869.

Cholera trat hier auf im October 1854, wobei Viele starben und ein Haus auf der Allerheiligengasse polizeilich geschlossen wurde.

Christ'sches, Dr., Kinderhospital, gegründet von Dr. Johann Theobald Christ (geb. 25. Mai 1777, gest. 11. August 1841). Grundsteinlegung 14. August 1843, Eröffnung 14. Januar 1845.

Christenbrand, siehe Brand.

Civilehe, eingeführt den 1. Mai 1851.

Classen, Dr. phil. Johannes, Director des Gymnasiums, geb. 21. Nov. 1805 zu Hamburg; folgte 1864 einem Rufe als Director des Johanneums nach Hamburg.

Clementinen-Mädchenspital der Freifrau Carl v. Rothschild, zum Andenken an ihre verewigte Tochter gestiftet; eröffnet 15. Nov. 1875.

Clesern Hof, ging am 12. März 1863 käuflich an die Stadt über.

Code Napoleon, dahier eingeführt 1. Januar 1811.

Collischonn, Philipp Jacob, Pfarrer, berufen 1868, geb. 21. Nov. 1824.

Consistorium, errichtet 26. Juli 1728.

Constablerwache, welcher schon 1709 gedacht wird, wurde 1753 neu erbaut.

Constitutions-Ergänzungs-Acte, Annahme derselben von Seiten des Senats 10. Juli 1816.

" Annahme von der Bürgerschaft durch Abstimmung in den 14 Stadtquartieren vom 17./18. Juli 1816.

" Eidesleistung auf dieselbe durch den Senat und die Bürgerschaft am 18. October 1816.

" Publikation derselben als Verfassungs-Gesetz den 19. October 1816.

Cöntgen, Georg Joseph, Gründer des Zeichnungs-Instituts, gest. 28. Januar 1799, 48 Jahre alt.

Continentaltarif, grossherzoglicher, vom 28. September 1810.

Corneliusstrasse, benannt nach dem Historienmaler Peter v. Cornelius, geb. 23. September 1783, gest. 6. März 1867.

Cornill, Philipp Otto, Kunstmaler und Conservator des historischen Museums, geb. 1. Februar 1824.

Cranachstrasse, benannt nach dem Maler Lucas Cranach, geb. 1472, gest. 1552.

Creizenach, Dr. phil. Michael, Lehrer an der israelitischen Bürger- und Realschule, geb. 16. Mai 1789 zu Mainz, gest. 5. August 1842.

Creizenach, Dr. phil. Theodor Adolph, Professor am Gymnasium, geb. 17. April 1818 zu Mainz, gest. 5. December 1877.

Creizenach-Stiftung zur Unterstützung hülfsbedürftiger Lehrer und Lehrerswittwen der israelitischen Realschule, gegründet 8. August 1844.
Cretzschmar, Dr. med. Philipp Jacob, Arzt und Anatom, geb. 11. Juni 1786 zu Sulzbach bei Soden, gest. 4. Mai 1845.
v. **Cronstetten,** Schöff Johann Hieronymus Steffan, zur Rettung seines Sohnes durch die Intriguen des Cardinals Richelieu Gefangener der Bastille vom 16. September 1635 bis 1637.
Cronstett'sches evangelisches Damenstift, gegründet 11. Mai 1753 von Justina Catharine v. Cronstetten (gest. 20. December 1766, 89 Jahre alt).
Curatorium der höheren Schulen, eingeführt 21. Februar 1872.
Cüstine, Graf Adam Philipp, der Bedränger Frankfurts, geb. 4. Febr. 1740 zu Metz, guillotinirt 27. August 1793 zu Paris.
Czerwenka, Dr. theol. Bernhard, Pfarrer, berufen 1874, geb. 25. März 1825 zu Widim, Böhmen.
v. **Dalberg,** Karl, Fürstprimas und Grossherzog von Frankfurt, geb. 8. Februar 1744 zu Herrnsheim bei Worms, gest. 10. Febr. 1817 zu Regensburg.
„ siehe auch Primas.
Dampfboot, kam das erste „die Stadt Frankfurt" Samstag den 8. März 1828 Abends um 6 Uhr von Mainz hier an.
Dampfboote, fuhren die ersten zwischen hier und Würzburg am 10. December 1841.
Danneckerstrasse, benannt nach dem Bildhauer Joh. Heinrich v. Dannecker (geb. 15. October 1758, gest. 8. December 1841).
Dechent, Dr. phil. Georg Jacob Friedrich Paul, Pfarrer, berufen 1879, geb. 15. September 1850.
Deichler, Johann Christian, Consistorialrath und Pfarrer, berufen 1835, geb. 3. October 1804, gest. 19. März 1873.
Delkeskamp, Friedrich Wilhelm, Kunstmaler, geb. 20. September 1794 zu Bielefeld, gest. 5. August 1872 zu Bockenheim.
Demokratischer Congress in Frankfurt, ausgegangen vom demokratischen Verein zu Marburg, Pfingsten 1848.
Denzinger, Franz Joseph, Baurath und Dombaumeister, geb. 1821 zu Lüttich.
Dettmer, Georg Christian Wilhelm, Sänger am hiesigen Stadttheater, geb. 29. Juni 1808, gest. 28. Mai 1876.
Deutschherrn-Mühle, brannte am 21. October 1828 Morgens um 2 Uhr ab.
Deutschkatholische Gemeinde, gegründet 1. Juni 1845, hielt ihren ersten Gottesdienst in der deutsch-reformirten Kirche am 15. Juni 1845, erster Gottesdienst im Sächsischen Hof 24. December 1854, später in der Heiligkreuzgasse. Derselben wurde am 20. October 1867 ein Betsaal in der Rosenberger Einigung eingeräumt, verlegte solchen in die Capelle des ehemaligen Waisenhauses und hielt hier 13. Juli 1879 ihren ersten Gottesdienst ab.
Deutsch-Ordens-Haus, gestiftet von Kuno v. Münzenberg 1221.
„ -Haus, zum neuerbauten wurde der Grundstein gelegt am 10. Juni 1709, ging in den Besitz der katholischen Gemeinde über 15. März 1881.

Deutsch-Ordens-Kirche, eingeweiht 1309.
Diaconissen-Anstalt gegründet 1865, genehmigt durch Senatsbeschluss vom 5. Januar 1866.
Dielmann, Johannes, Bildhauer, Modelleur des Schiller-Denkmals, geb. 26. October 1819.
Dienstboten, Aufenthaltsstätte für weibliche, eröffnet alte Maizergasse 12 am 2. December 1853.
Dienstmänner-Institut, trat in's Leben 15. März 1862.
Diesterweg, Dr. phil. Friedrich Adolph Wilhelm, Pädagog, 1811 Lehrer an der Musterschule, geb. 29. October 1790 zu Siegen, gest. 7. Juli 1866 zu Berlin.
Dombauverein, gegründet 1867.
Dombrand (Bartholomäuskirche und Pfarrthurm) am 15. August 1867, bei welchem die am 17. Dec. 1865 aufgezogene Carolusglocke schmolz.
Dom-Chor, für Verherrlichung des Gottesdienstes in der Domkirche, gegründet im Januar 1880.
Dominikanerkloster, siehe Predigerkloster.
Domkirchhof, Kreuz (Calvarienberg) auf demselben wurde von Jacob Heller und seiner Frau Catharina v. Molheim 1509 gestiftet.
Domschule, welche schon früher bestanden, wurde als Realschule am 2. Januar 1783 eröffnet und 1808 mit dem 1790 gegründeten Gymnasium Friedericianum vereinigt.
„ und Rosenbergerschule wurden 1864 auf die Altgasse verlegt.
Donatischer Komet war zu sehen am 30. September 1858.
Donner, Otto Philipp, Kunstmaler, geb. 10. Mai 1828.
Döring, Philipp Jacob, Buchhändler, Schriftsteller und ausgezeichneter Charakter, geb. 2. Juni 1764, gest. 26. Februar 1841.
Dörr'sche Plätze auf der Bleichstrasse, welche zu primatischer Zeit 700 fl. kosteten, wurden 1854 für 87,000 fl. verkauft.
Dortelweil kam 1367 an Frankfurt.
Dreikönigsbündniss, abgeschlossen am 26. Juni 1849.
Dreikönigskirche wurde durch den Presbyter Heinrich Diemar 1338 zu bauen angefangen, welcher sie 1340 einweihte und 1346 darin begraben wurde, renovirt 1690.
„ der Thurm derselben wurde wegen Baufälligkeit im Juni 1872 abgetragen.
„ mit dem Bau der neuen wurde im Juli 1875 begonnen und am 23. October 1880, nach constructiver Vollendung, die Schliessung des Thurmknopfes vollzogen.
Dreikönigsschule, eröffnet 17. Mai 1824.
Drescher, Dr. phil. Johann Emil, Oberlehrer an der Dreikönigsschule, geb. 15. August 1816 zu Urspringen, Sachsen-Weimar, gest. 7. März 1870.
Droschkenanstalt trat am 20. December 1839 ins Leben.
Duell zwischen dem polnischen Offizier Dwarkin aus Ostrolenka und dem kurhessischen Lieutenant Niemeyer hinter dem Frankfurter Haus am 22. Febr. 1832, bei welchem Letzterer erschossen wurde.

Dürerstrasse, benannt nach dem Maler Albrecht Dürer (geb. 20. April 1471, gest. 6. April 1528).
Eberhard (Schwind)'sche Stiftung, gegründet 1644 von dem Schöffen Johann Schwind, gen. Eberhard (geb. 1580, gest. 18. Juli 1648).
Eberz, Dr. phil. Anton, Professor und Oberlehrer am Gymnasium, geb. 23. April 1817.
Eckhard, Johann Christian Rudolph, Bildhauer, geb. 3. Februar 1842.
Egenolph, Christian, Buchdrucker, geb. 1502 zu Hadamar, gest. 1555.
Ehlers, Dr. phil. Rudolph, Consistorialrath und Pfarrer der evangelisch-reformirten Gemeinde, geb. 30. März 1834 zu Hamburg.
Ehrt, Carl Heinrich, Dichter, geb. 1. Mai 1811 zu Neukirch, Sachsen.
Einnahme von Frankfurt durch die Franzosen, 16. Juli 1796.
„ siehe auch Wiedereinnahme.
Einverleibung Frankfurts in den preussischen Staat fand am 8. October 1866 durch den Civilgouverneur Erasmus Robert Freiherrn v. Patow im Kaisersaal statt.
Elselen, Dr. phil. Friedrich Wilhelm Ludwig, Director der Musterschule, geb. 25. August 1825 zu Breslau.
Eisenbahn Frankfurt-Sachsenhausen, eröffnet 18. October 1848.
„ linksmainische, Probefahrt am 20. December 1862, Eröffnung den 3. Januar 1863.
„ -Zusammenstoss zwischen Offenbach und Oberrad, bei Gelegenheit des mittelrheinischen Turnfestes, am 6. August 1860.
Eisenhard, Johannes, Kupferstecher, geb. 8. November 1824.
Elisabethenschule, eingeweiht 14, eröffnet 17. October 1876.
v. **Ellrodt**, Friedrich Wilhelm, Obrist der Stadtwehr, geb. 16. Januar 1772 zu Bayreuth, gest. 1. December 1844. Enthüllung seines Denkmals 20. Mai 1846.
Elsheimer, Adam, Maler, geb. 1578 dahier, gest. 1620.
Elsheimerstrasse, benannt nach demselben.
Enders, Ernst Ludwig, Pfarrer zu Oberrad, berufen 1863, geb. 27. December 1833.
Englische Fräuleinschule, eröffnet 16. Mai 1749.
Enslin, Carl Wilhelm Ferdinand, Verfasser des Sagenbuchs von Frankfurt und bekannt durch seine Kinderlieder, geb. 21. September 1819, gest. 14. October 1875.
Entbindungs-Anstalt, städtische, eröffnet 1857.
Erdstoss, starker, wurde dahier und in der Umgegend am 29. Juli 1846 Abends verspürt.
Ernst, Nicolaus August, Professor am Gymnasium, geb. 25. September 1811 zu Bingen, gest. 4. Mai 1878.
Ersparungs-Anstalt begann ihre Thätigkeit am 1. Januar 1826.
Eschborn, Treffen bei, mit den Rittern von Kronberg, 14. Mai 1389.
Eschenheimerthor, ehemaliges (Carlsthor), erbaut 1807.
Eschenheimerthurm, der Grundstein zu demselben wurde unter der Regierung Ludwig des Bayern am 10. October 1346 gelegt; vollendet 1427.

Eschenheimerthurm, Treppenhäuschen an demselben entfernt 1865.
„ in denselben schlug der Blitz am 10. Juni 1874, wobei die alte Wetterfahne weggerissen wurde.
Euler, Dr. jur. Ludwig Heinrich, Vorsitzender des Vereins für Geschichte und Alterthumskunde, geb. 23. April 1813.
Expropriations-Gesetz, eingeführt 10. Januar 1837.
Eyssen, Remigius, Oberingenieur und Director der Main-Weserbahn, geb. 2. April 1813, gest. 2. November 1859.
Fabricius, Dr. med. Friedrich Wilhelm, geb. 12. November 1810, gest. 4. December 1872.
Fahrthor mit Durchgangbogen, zu bauen begonnen 1455, wurde niedergelegt 1840.
Fass von 11 Ohm verfertigten die Bender am 10. Februar 1608 auf dem Main, wofür ihnen vom Rath ein Präsent von 10 Reichsthalern bewilligt wurde.
„ von 16 Ohm verfertigten die Bender am 10. Februar 1624 auf dem Main, wofür ihnen vom Rath ein Geschenk von 20 Reichsthalern und eine halbe Ohm Wein gereicht wurde.
„ von 3 Fuder wurde am 20. Februar 1672 von den Bendern auf dem Main gebunden und darauf auf demselben ein Schiessen abgehalten.
„ von 3 Fuder wurde auf Fastnacht 1681 von den Bendern auf dem Main gebunden, die Lehrlinge verfertigten ein solches von 9 Ohm.
„ von 15 Ohm, nebst zwei kleineren, verfertigten die Bender am 5. Febr. 1695 auf dem Main; die Lehrlinge ein solches von 10 Ohm.
„ zwei, verfertigten die Bender und Lehrlinge am 1. März 1740 auf dem Main.
„ wurde am 24. Februar 1827 von den Bendern auf dem Main gebunden.
„ verfertigten die Bender am 26. Februar 1838 auf dem Main, worauf sich das Eis noch an demselben Abend in Bewegung setzte.
Fay, Heinrich Eduard, Sammler von Frankofurtensien, geb. 19. Mai 1824, gest. 8. Juni 1878.
Feldbergfeste, Geschäfts- und Turnordnung für dieselben, genehmigt 24. April 1870.
Feldberghaus, Grundsteinlegung am 26. Juni 1859, Eröffnung am 25. August 1872.
Feldberghütte, eröffnet 16. Mai 1852, wurde 15. April 1867 durch einen Sturm zerstört.
Fellner, Senator Carl Constanz Victor, geb. 24. Juli 1807, starb im älteren Bürgermeisteramt am 24. Juli 1866.
Ferdinand I. wurde am 14. März 1558 in der St. Bartholomäuskirche zum Römisch-Deutschen Kaiser ausgerufen.
„ II., König von Ungarn und Böhmen, wurde am 18. August 1619 zum Kaiser erwählt und am 9. September a. c. gekrönt.
Festungswerke, rechter und linker Hand des Friedbergerthores, wurden zu demoliren angefangen 21. September 1804.
„ siehe auch Fortification.

Fettmilch'scher (Vincenz) Aufstand, Anfang der mehrjährigen, unter diesem Namen bekannten bürgerlichen Unruhen 1612.
„ Achterklärung gegen denselben, Conrad Gerngross und Conrad Schopp den 4. September 1614, welche am 28. durch einen kaiserlichen Herold öffentlich dahier verlesen wurde.
„ Gerngross, Schopp und fünf andere Mitschuldige wurden am 28. Februar 1616 auf dem Rossmarkt enthauptet und ihr Hab und Vermögen eingezogen. Fettmilch's Haus in der Töngesgasse wurde geschleift, um auf immer ein freier Platz zu bleiben. Seine Frau und Kinder wurden des Gebiets von Frankfurt, Mainz und Hessen verwiesen. Achtzehn andere Mitschuldige wurden theils durch den Nachrichter zur Stadt hinausgepeitscht, theils durch die Stadtknechte hinausgeführt und verwiesen. Der abwesende Hartmann Geisselbach wurde in die Acht erklärt und so die Straf-Execution beendigt.
„ -Säule auf dem Plätzchen in der Töngesgasse, wurde bei dem grossen Brand am 26. Juni 1719 durch eine niederstürzende Mauer zerstört und nicht wieder aufgerichtet.

v. Feuerbach, Dr. Paul Johann Anselm, berühmter Criminalist, geb. 14. November 1775, gest. 29. Mai 1833.

Feuerbachstrasse, nach demselben benannt.

Feuertelegraph, trat in Function 10. Mai 1875.

Feuerversicherungs-Anstalt, gegründet 1810, Brandassecuranz 1807.

Feuerwehr, Centralstation, aus Klapperfeld verlegt 10. Mai 1875.

Feyerabend, Sigismund, der spätere Buchdrucker, liess sich 1560 als Formschneider dahier nieder und starb 22. April 1590.

Feyerlein, Dr. jur. Friedrich Siegmund, der Sprecher der Bürgercapitaine bei Kaiser Franz II. im Jahre 1813, geb. 28. April 1771, gest. 25. December 1813.

Feyerleinstrasse, benannt nach demselben.

Fichard, gen. Baur v. Eysseneck, Johann Carl, Senator und Frankfurter Geschichtsforscher, geb. 16. April 1773, gest. 16. Oct. 1829.

Fichardstrasse, benannt nach demselben.

Fichtestrasse, benannt nach dem Philosophen Johann Gottlieb Fichte, geb. 19. Mai 1762, gest. 27. Januar 1814.

Findelhaus, Elendenherberge, auch Martha-Stiftung genannt, wurde 1452 auf dem Platze erbaut, wo die Constablerwache steht.

Finger, Dr. phil. Friedrich August, seit 8. October 1844 Oberlehrer an der Catharinenschule, seit 26. April 1861 Oberlehrer an der mittleren Bürgerschule, emerit., geb. 19. October 1808.

Fischer, Dr. phil. Carl, Professor und Oberlehrer am Gymnasium, geb. 4. Nov. 1840 zu Darmstadt.

Fleck'sche Stiftung, gegründet 1816 von Philipp Heinrich Fleck, geb. 17. November 1740, gest. 1. Mai 1816.

Fleckeisen, Dr. phil. Carl Friedrich Wilhelm Alfred, Professor am Gymnasium, geb. 23. September 1820 zu Wolfenbüttel, folgte einem Ruf als Professor und Conrector des Vitzthum'schen Gymnasiums nach Dresden.

Fleischbein, v. Kleeberg, Schöff Johann Daniel, geb. 23. Juni 1666, gest. 1. Sept. 1728 im älteren Bürgermeisteramt.

Flersheim'sche, Julius, Stiftung zur häuslichen Erziehung und Ausbildung armer israelitischer Knaben, trat in's Leben 1865.

Flos, Friedrich Wilhelm, Prediger der deutsch-katholischen Gemeinde, geb. 19. December 1814 zu Tangermünde in der Altmark.

Flotte, deutsche, Concert zum Besten derselben auf der Mainlust am 7. August 1848.

Folter, wurde dahier eingeführt 1347, abgeschafft 1694.

Forsthaus, siehe Oberforsthaus.

Forstleute, zu Ehren der hier tagenden, fand eine grossartige Beleuchtung des Waldtheils am Forsthaus am 7. Juni 1858 statt.

Fortification, mit der verbesserten wurde 1608 der Anfang gemacht und am Friedbergerthor das erste Bollwerk angelegt.

" siehe auch Festungswerke.

Frankfurter Journal, gegründet 1615.

Franz I., Grossherzog von Toscana, Wahl desselben zum Römisch-Deutschen Kaiser am 13. September 1745, Krönung am 4. October e. a. (geb. 8. December 1708, gest. 18. August 1765).

" II., wurde zum Deutschen Kaiser erwählt 7. Juli 1792, gekrönt 14. Juli; legte die Kaiserkrone nieder am 6. August 1806 (geb. 12. Februar 1768, gest. 2. März 1835).

Franzosen, besetzten unter Marschall Prinz v. Soubise die Stadt am 2. Januar 1759 und blieben darin bis März 1763. (Schlacht bei Bergen 13. April 1759.)

" von Cüstine's Armee unter General Neuwinger, rückten am 22. October 1792 hier ein; erste Brandschatzung von 2 Millionen Gulden.

" beschossen in der Nacht vom 12. Juli 1796 unter Jourdan die Stadt, wohin sich die kaiserlich österreichischen Truppen unter Wartensleben geworfen hatten. Ein ansehnlicher Theil der Judengasse und einige Häuser in der Stadt gingen in Flammen auf.

" rückten nach geschlossener Capitulation am 16. Juli 1796 hier ein, legten der Stadt 8 Millionen Franken Brandschatzung auf und schickten am 28. acht Geisseln nach Frankreich.

" führten am 26. August 1796 weitere 17 Geisseln nach Frankreich ab.

" verliessen am 8. September 1796 nach einem Besitz von 54 Tagen die Stadt. Besetzung derselben durch österreichische Truppen.

" Zusammenstoss derselben mit österreichischen Dragonern am 12. April 1797 am Bockenheimerthor.

" deren Einrücken unter General Hoche verhinderte die Nachricht von dem Friedensschluss zu Leoben, 22. April 1797.

Franzosen, legten der Stadt am 15. August 1800 eine Brandschatzung von 800,000 Franken auf, zu deren Zwangserhebung 1800 Mann dahier einquartirt wurden.
„ besetzten nach dem Frieden von Pressburg aus Oesterreich zurückkehrend am 18. Januar 1806 die Stadt. — Brandschatzung von 4 Millionen Franken.
„ eine Abtheilung überfiel am 22. October 1810 die Stadt, um die daselbst befindlichen englischen Waaren wegzunehmen.
„ verbrennen die englischen Waaren am 18. Juni 1811.
„ besetzten auf der Retirade von Hanau am 31. October 1813 die Stadt und beschossen sich in der Nacht auf den 1. November gegenseitig mit den Bayern in Sachsenhausen, wobei die Brückenmühle abbrannte.

Frauenbildungs-Verein, Frankfurter, gegründet im November 1876.
Frauen-Krankenkasse, israelitische, gegründet 1761.
Frauenverein, gegründet 1813, constituirt 2. Februar 1814.
„ israelitischer, trat in's Leben 11. April 1847.
„ allgemeiner zur Wohlthätigkeit, gegründet 14. August 1854.
„ vaterländischer, gegründet 1871.
„ -Schule, eröffnet 17. April 1815.
Freimaurerloge „Zur Einigkeit", gegründet 27. Juni 1742.
„ „Zur aufgehenden Morgenröthe", gestiftet 12. Juni 1808.
„ „Carl zum aufgehenden Licht", gestiftet 19. December 1816.
„ „Zum Adler", gestiftet 17. September 1832.
„ „Carl zum Lindenberg", gegründet 1850.
„ „Odd Fellow-Loge" gegründet 17. Juli 1875.
Freischiessen, das erste dessen Erwähnung geschieht, war 1367.
„ wurde am 3. Mai 1671 gehalten, welches bis zum 22. dauerte.
Freistaat, Frankfurts politische Begründung als solcher, ward am 9. Juni 1815 durch Unterzeichnung der Wiener Congress-Acte auf's Neue bestätigt.
Freiwilligen, deren Fahne, gestickt von Catharine Rosine Lauer (s. d.), wurde am 24. April 1814 eingeweiht und übergeben.
„ erster Ausmarsch derselben am 15. März 1814; dieselben kehrten am 4. Juli zurück, bivouakirten auf den Ortschaften und rückten am 15. hier wieder ein.
„ marschirten zum zweitenmal aus am 25. Juli 1815, um vereinigt mit dem Linienbataillon unter dem Commando des Obristlieutenant v. Schiller bei Strassburg zu operiren und kehrten am 14. October wieder zurück.
„ feierten am 11. December 1838 ihr 25jähriges Erinnerungsfest.
„ feierten am 11. December 1863 ihr 50jähriges Erinnerungsfest.
Fresenius, Dr. phil. Friedrich Carl, Professor, Lehrer an der höheren Bürgerschule, emerit. 8. Juni 1875, geb. 24. Juni 1819, gest. 18. August 1876.
„ Dr. phil. Philipp Joseph, Professor am Gymnasium, geb. 13. April 1752, gest. 29. September 1830.

Fresenius, Dr. med. Johann Baptist Georg Wolfgang, Professor, Verfasser der Flora von Frankfurt, geb. 25. Sept. 1808, gest. 1. Dec. 1866.
„ Johann Franz Theodor, Pfarrer, berufen 1844, geb. 4. Juli 1794, emerit. 1856, gest. 17. Juli 1864.
Frey, Catharine Johanna, 65 Jahre alt, wurde ermordet am 4. April 1874, Domplatz 7.
Freyreiss, Georg Wilhelm, der Naturforscher und Reisende in Brasilien, geb. 12. Juli 1789, gest. 1. April 1825 in Brasilien.
Friedbergerthor, erbaut 1810.
Friedens-Congress, erste Sitzung desselben in der Paulskirche am 22. August 1850.
Friedensschluss im Schwanen, wurde am 10. Mai 1871 unterzeichnet und am 20. daselbst ratificirt.
Friederich, Gerhard, Dr. theol. et phil., Senior des Ministerii und Consistorialrath, berufen 1808, Jubilar, emerit. 1858, geb. 2. Januar 1779, gest. 30. October 1862.
„ Franz, Director des Rühl'schen Vereins, geb. 2. Juni 1823, gest. 1. April 1876.
Friedhof, neuer, wurde am 1. Juli 1828 in Benutzung genommen. Die erste Bestattung war die der Frau Maria Catharine Alewyn, Wittwe, geb. Trip aus Amsterdam; die letzte auf dem alten Friedhof die der hiesigen Bürgerstocher Elisabethe Maurer.
„ alter in Sachsenhausen, wurde eröffnet 7. October 1812.
„ neuer in Sachsenhausen, wurde eröffnet 1. Januar 1868.
Friedleben, Dr. phil. Theodor, Lehrer an der Catharinenschule, geb. 13. März 1781, gest. 30. November 1859.
Friedrich I., Barbarossa, wurde dahier am 5. März 1152 von allen Fürsten und Ständen des Reichs zum Kaiser gewählt.
„ II., wurde 1212 von den Reichsfürsten als Römisch-Deutscher Kaiser bestätigt.
„ von Oestreich wurde vor Sachsenhausen und Ludwig der Bayer vor Frankfurt 1314 gleichzeitig zum Kaiser erwählt.
„ III., zum Kaiser erwählt 1439.
Friedrich Wilhelm IV., König von Preussen, wurde am 28. März 1849 in der National-Versammlung zum Deutschen Erbkaiser erwählt.
Fritz, Joseph, Börsendiener, ermordet am 3. Mai 1853 im Börsengebäude von Leichter aus Isenburg, welcher 1858 in Rockenburg starb.
Fröhlichkeit, Gesangverein, gegründet 1873, löste sich 1880 auf.
Frosch, Weikard, Stifter des Catharinenklosters, gest. 1360.
Funck, Johann Friedrich, Literat, geb. 10. October 1804, gest. 15. Februar 1857. Sass, an der politischen Agitation in Deutschland in den 30r Jahren betheiligt, 5 Jahre auf dem Hardenberg bei Mainz und trug die schwarz-roth-goldne Kokarde bis zu seinem Tode an seiner Mütze.
Fürsteneck, erbaut 1424.
Fürstentag wurde dahier vom 16. August bis 1. September 1863 abgehalten.
Gabelsberger Stenographenverein, gegründet 1858.

v. **Gagern,** Heinrich Wilhelm August, wurde am 19. Mai 1848 mit 305 von 397 Stimmen zum provisorischen Präsidenten der deutschen National-Versammlung gewählt; am 31. Mai e. a. mit 494 von 513 Stimmen erwählt zum Präsidenten. (Geb. 20. August 1799 zu Baireuth, gest. 22. Mai 1880 zu Bessungen.)

Gallus, Dr. jur. Philipp Christoph, Stadtamtmann, geb. 19. Sept. 1786, gest. 30. August 1850.

Gallusthor, erbaut 1809.

Garnerin, Luftschiffer, stieg mit seinem Ballon am 12. September 1805 von der Pfingstweide auf.

Gartenbau-Gesellschaft „Flora", gegründet 28. Januar 1848.

„ wurde aus der vorstehenden und dem Gartenbau-Verein am 24. März 1870 gegründet.

Gartenbau-Verein, gegründet 1831.

Gas, mit tragbarem, wurde 1826 die Neue Kräme probeweise beleuchtet.

Gasbereitungs-Gesellschaft, Frankfurter, privatim als Oelgasfabrik gegründet 18. Sept. 1828, an eine Gesellschaft übertragen im Juli 1838. — Die neue Anstalt, welche am 5. December 1860 an Stelle der alten trat, wurde am 25. Januar 1863 eröffnet und am 13. September 1864 ein Vertrag mit der Stadt über die Beleuchtung der Strassen und Plätze vor den ehemaligen Stadtthoren abgeschlossen, welcher am 30. April 1871 endigte. Der neue Vertrag vom 1. Mai 1871 läuft bis zum 30. April 1886. Die Concession dauert vom 1. October 1860 99 Jahre.

„ siehe auch Imperial-Continental-Gas-Association.

Gasser, Johann Adam, Oberlehrer an der Domschule, geb. 10. Dec. 1813 zu Kleinsolbach, Nassau, gest. 1. August 1878.

Gatzenmeyer, Johann Franz Joseph, Polizeiamts-Pedell, geb. 18. Juni 1772, gest. 7. Juni 1857.

Gaussstrasse, benannt nach dem Mathematiker Karl Friedrich G a u s s, geb. 30. April 1777, gest. 23. Februar 1855.

Gefängnissverein, gegründet 9. November 1868.

Geiger, Dr. phil. Elieser Lazar Salomon, Lehrer an der israelitischen Real- und Volksschule, Sprachforscher, geb. 21. März 1829, gest. 29. August 1870.

Geisenheimer, Siegmund, Gründer der Philanthropin (jetzt israelitische Real- und Volksschule), geb. 12. December 1775 zu Bingen, gest. 20. April 1828.

Gelehrtenverein für deutsche Sprache, gegründet von Dr. Georg Friedrich G r o t e f e n d 1817.

Gellertstrasse, benannt nach dem Dichter Christian Fürchtegott G e l l e r t, geb. 4. Juli 1715, gest. 13. December 1769.

Gemeindevorstand, evangelisch-lutherischer, gegründet 27. Januar 1820.

„ neues Gesetz über dessen Zusammensetzung vom 6. Januar 1857.

General-Gouvernement, provisorisches, unter dem Fürsten Heinrich XIII. von Reuss-Greitz, wurde am 9. Juli 1815 der Stadt übergeben.

Geographischer Verein (jetzt Verein für Geographie und Statistik), gegründet 2. Juni 1836.
Gerechtigkeitsbrunnen auf dem Römerberg, wurde als springender Brunnen muthmasslich 1542 errichtet.
Germanisten-Versammlung, abgehalten am 24. September 1846.
v. Gerning, Johann Christian, Entomolog, geb. 8. December 1745, gest. 18. März 1802.
„ Johann Jsaac, Diplomat und Dichter, geb. 14. November 1767, gest. 21. Februar 1837.
Gesangbuch, das erste wurde dahier 1731 gedruckt, ein verbessertes 1789 eingeführt, das letzte erschien 1824.
Gesellschaft zur Beförderung nützlicher Künste und deren Hülfswissenschaften, gegründet 24. November 1816 als Polytechnischer Verein, führt den neueren Namen seit 15. Januar 1817.
„ für Frankfurts Geschichte und Kunst, gebildet 1837.
„ zur Verbreitung nützlicher Volks- und Jugendschriften, gegründet 15. November 1843.
Gesetz, organisches, vom 7. October 1864, die Aufhebung der nach dem Gesetz vom 12. Sept. 1853 noch bestehenden Beschränkung der staatsbürgerlichen Rechte der Landbewohner und Israeliten betr.
Gesundheitsrath, städtischer, gegründet 1870.
Gewerbefreiheit, trat in's Leben 1. Mai 1864.
Gewerbekammer, errichtet 1855.
Gewerbeverein, gestiftet 1835.
Gewerbschule, gegründet 1852 und mit der Klingerschule vereinigt Ostern 1876.
Geyler, Dr. phil. Hermann Theodor, Lehrer der Botanik und Director des botanischen Gartens, geb. 15. Januar 1835 zu Schwarzbach, Sachsen-Weimar.
Gillhausen, Waldemar, Oberlehrer am Gymnasium, geb. im Dec. 1847 zu Elfringhausen bei Bochum.
Glauburgstrasse, benannt nach dem seit 1357 hier existirenden adeligen Geschlechte.
Glocke, wurde 1452 auf dem Pfarrthurm aufgehängt, um ein Zeichen zu geben, wenn sich der Feind naht.
Glocken auf dem Pfarrthurm, Probeläuten sämmtlicher neuen am 7. Febr. 1878.
„ siehe auch Carolusglocke und Messglocke.
Glöckler, Dr. phil. Caspar Conrad, Pfarrer zu Bonames, berufen 1843, geb. 20. April 1805.
Gluckstrasse, benannt nach dem Componisten Christoph v. Gluck (geb. 1714, gest. 1787).
Göbel, Christian Wunibald Angilbert, Kunstmaler, geb. 26. Januar 1821.
v. Goethe, Johann Wolfgang, geb. 28. August 1749, gest. 22. März 1832.
Goethe-Denkmal, enthüllt 28. August 1849.
Goetheplatz siehe Stadtallee.
Goethestrasse benannt nach demselben.

Goethe's Besuch auf der Gerbermühle bei der Familie v. Willemer vom 12. August bis 8. September 1815.
„Kennst du den Weg durch Feld und Wiesengrün?
„Willkommen! ruft der Schafe friedlich Zieh'n.
„Fern unter Bäumen rauscht der Mühle Bach,
„Ihr Schatten birgt dem Freund ein gastlich Dach.
„Kennst du es wohl?"   Marianne Willemer.

„ Vater, Rath Johann Caspar Goethe, geb. 31. Juli 1710, gest. 27. Mai 1782.

„ Mutter, Catharine Elisabethe geb. Textor, geb. 19. Februar 1731, gest. 13. September 1808.

Goldne Bulle (bulla aurea), Reichs-Grundgesetz Kaiser Karl IV. vom Jahre 1356, wonach für alle künftige Zeiten die Römische Königswahl in Frankfurt geschehen soll.

Goldschmidt'sche, B. H., Stipendien-Stiftung, trat in's Leben 6. Nov. 1856.

Goldstein, kam die eine Hälfte 1397, die andere 1400 zu Frankfurt.

Gotard, Eduard, stieg mit seinem Ballon am 1. August 1852 von dem Platze hinter der Stadtbibliothek in die Höhe.

Gottes Gnade, Haus zur, auf der grossen Eschenheimergasse, brannte am 30. März 1819 ab.

Gräff (der alte), Georg Friedrich, Lehrer an der Weissfrauenschule, geb. 5. December 1768, gest. 16. Juni 1822.

Gräffendeich, Johann Nicolaus, Gründer einer Pfründneranstalt für alte Männer, geb. 6. Juni 1786, gest. 17. December 1834.

Green, Luftschiffer, stieg mit seinem grossen Ballon „Continental" am 16. August 1847 hinter der Stadtbibliothek auf.

„ zweite Luftschifffahrt am 23. Mai 1852 von demselben Platze.

Grindbrunnen, bestand schon im 13. Jahrhundert und wurde das Haus der Aussätzigen (domus leprosorum) in der Nähe, im Hof der guten Leute (Gutleuthof), wahrscheinlich wegen dieser Heilquelle, 1283 daselbst errichtet. 1835 geschah eine neue Fassung der Quelle durch die Polytechnische Gesellschaft; später wurde die unreinliche Brunnengrube zugeworfen, eine Pumpe errichtet und am 4. Mai 1873 die neue Trinkhalle eröffnet.

Grotefend, Dr. phil. Carl Ludwig, geb. 22. December 1807 dahier, gest. 27. October 1874 als Geheimer Archivrath zu Hannover.

„ Dr. phil. Georg Friedrich, Prorector und Professor am Gymnasium, geb. 9. Juni 1775 zu Hannöverisch-Minden, Gründer des Gelehrtenvereins für deutsche Sprache 1817, später Director des Lyceums zu Hannover, gest. 15. December 1853.

„ Dr. phil. Hermann, Stadtarchivar, geb. 18. Januar 1845 zu Hannover.

Grün, Anastasius (Alexander Anton Graf v. Auersperg), Ehrenfest des Liederkranzes für denselben auf der Mainlust am 23. Juni 1848.

Grundrechte des deutschen Volks, eingeführt am 18. Januar 1849.

„ aufgehoben durch Bundesbeschluss vom 23. August 1852.

Gruner, Gottlieb Anton, Oberlehrer an der Musterschule, geb. 18. März 1778 zu Coburg, gest. 13. Mai 1844 zu Wiesbaden.

Grünewald, Johann Conrad August, Pfarrer, berufen 1864, geb. 21. April 1815, gest. 6. Mai 1870.

v. Gualta'sche Stiftung, Louise und Stephan, gegründet 16. Mai 1846 von Peter Stephan Anton v. Guaita, geb. 8. Mai 1782, gest. 15. Mai 1848, et uxor. Louise Caroline Christiane geb. v. Abel, geb. 28. November 1781, gest. 2. Februar 1846; eröffnet 1850.

Guhr, Carl, Capellmeister, geb. 31. October 1787, gest. 22. Juli 1848 zu Bockenheim.

Guiolette, Jacob, Senator, der Schöpfer der Frankfurter Anlagen, geb. 25. Februar 1746, gest. 5. September 1815.

Guiolette-Denkmal vor dem Bockenheimerthor, enthüllt 4. December 1837.

Guiolettestrasse benannt nach demselben.

v. Günderrode, Friedrich Maximilian, Schöff, Gefangener in Paris durch die unwürdigen Anschuldigungen Custine's, geb. 13. Dec. 1753, gest. 9. Mai 1824.

„ Caroline, Schriftstellerin unter dem Namen „Tian", geb. 11. Febr. 1780 zu Carlsruhe, gest. 26. Juli 1806 zu Winkel im Rheingau.

Günther, Friedrich, Professor am Gymnasium, geb. 3. October 1770 zu Winkel im Rheingau, gest. 27. Januar 1846.

Günther v. Schwarzburg starb 14. Juni 1349 im Johanniterhof, nachdem er am 1. Juni e. a. zum Römischen König erwählt worden, und wurde im Dom beigesetzt; dessen Denkmal darin wurde 11. December 1852 errichtet.

Gustav Adolph, Königs von Schweden, Einzug mit 20,000 Mann am 17. November 1631 von Sachsenhausen aus über die Brücke, durch die Stadt und zu dem Bockenheimerthor hinaus.

Gustav-Adolph-Stiftung, hiesiger evangelischer Hauptverein, constituirt 22. September 1843. (Gründung der Stiftung 2. Mai 1842.)

Gutermann, Friedrich, Professor am Gymnasium, geb. 5. April 1798 zu Regensburg. Emeritus 1869.

Gutleuthof, in welchem sich das Spital für Aussätzige befand, brannte 1801 ab.

Gutzkow, Dr. phil. Carl Ferdinand, geb. 17. März 1811 zu Berlin, gest. 16. December 1878.

Gutzkowstrasse benannt nach demselben.

Gwinner, Dr. jur. Philipp Friedrich, Senator und Syndicus, Verfasser von „Kunst und Künstler in Frankfurt a. M.", geb. 11. Jan. 1796, gest. 11. December 1868.

„ Dr. jur. et phil. Wilhelm Robert Franz, Landgerichtsrath, Biograph Schopenhauer's, geb. 17. October 1825.

Gymnasium, gegründet 1520, in das Barfüsserkloster verlegt 1529, in die Predigerstrasse 1839, in die Junghofstrasse 1876.

„ Friedericianum, wurde 1790 gegründet und mit der Realschule am Dom (Domschule eröffnet 1783) 1808 vereinigt.

Hadermann, Nicolaus, geb. 2. November 1805, gest. 11. August 1871.

Hadermann'sche orthopädische Anstalt für Mädchen, gegründet 1834.
Hahn auf der Brücke, wurde 1635 weggeschossen und ein neuer an dessen Stelle gesetzt.
Hahn, Christian, Lehrer an der Musterschule, Jubilar, geb. 19. März 1790, gest. 10. Juli 1877.
Hahn'sche, L. A., Familien-Stiftung zur Unterstützung Bedürftiger, gegründet 1876.
Hamburger Brand, grosser am 5. Mai 1842. Das Aerar der freien Stadt Frankfurt trug fl. 100,000. — bei, während von Seiten der Bürger- und Einwohnerschaft nahezu fl. 88,000. — beigesteuert wurden.
Hamel, Julius, Kunstmaler, geb. 9. Februar 1834 zu Dillenburg.
Hampelmann im Eilwagen (von Malss), zum erstenmal dahier aufgeführt 20. December 1833.
Hanauer Eisenbahn, eröffnet 9. September 1848.
Handelsgesetzbuch, deutsches, trat dahier in Kraft 1. Januar 1863.
Handelskammer, gegründet 30. April 1817.
„ Reform derselben im Jahre 1863.
Handelsschule, wurde 1862 gegründet, 1871 dem Directorium der Wöhlerschule unterstellt und Ostern 1876 provisorisch in die Adlerflychtschule verlegt.
Handelstag, dritter deutscher, eröffnet dahier am 25. September 1865.
Handels- und Zollvertrag vom 19. Februar 1853.
Handwerker-Congress, fand am 25. September 1863 im Kaisersaal statt.
„ -Essen, grosses auf dem Sandhof, gab Staatsrath Simon Moritz v. Bethmann am 22. October 1814.
Harmonia, Gesangverein, gegründet 18. October 1862.
Hasengasse, wurde 1590 von der Zeil her angelegt.
Hassel, Dr. phil. Georg Peter, Rector der Petersschule, geb. 14. Juni 1827.
„ Samuel Friedrich, Schauspieler und Ehrenmitglied des Stadttheaters, geb. 9. September 1798, gest. 3. Februar 1876.
Hasselhorst, Johann Heinrich, Kunstmaler, geb. 4. April 1825.
Hauptwache, wurde an Stelle der alten, 1691 erbauten, nachdem am 20. April der Grundstein gelegt worden, 1730 neu erbaut, und am 21. September desselben Jahres zum erstenmal bezogen.
Haupt- und Constablerwache, Erstürmung derselben durch fremde Studenten am 3. April 1833 Abends 9½ Uhr (siehe auch Besatzung).
Hausen, kam 1484 zu Frankfurt.
Häuser, wurden 1760 zum erstenmal mit Zahlen und Quartier-Buchstaben bezeichnet; die neue Numerirung mit eisernen Gussschildern wurde am 13. Juli 1847 begonnen.
Hazardspiele, verboten durch Edicte vom 23. October 1710, 15. Januar 1755, 21. Januar 1779 und 31. Juli 1790.
Hechtel, Johann Daniel, Professor am Gymnasium, geb. 30. November 1808, gest. 28. December 1870.
Heerdt, Johann Christian, Landschaftsmaler, geb. 4. Mai 1812, gest. 1. Juni 1878 zu Bockenheim.

Hegelstrasse, benannt nach dem Philosophen Georg Wilhelm Friedrich
    Hegel (geb. 27. August 1770, gest. 14. November 1831).
Heinestrasse, benannt nach dem Dichter Heinrich Heine (geb. 12. Dec. 1799
    zu Düsseldorf, gest. 17. Februar 1856 zu Paris).
Heinrich VII., wurde am 27. November 1308 zum Römisch-Deutschen
    Kaiser erwählt.
Heister, Lorenz, berühmter Anatom, geb. 29. December 1683 (Geburts-
    haus Stadt Darmstadt Lit. M. N° 20) gest. 18. April 1758.
Heisterstrasse, nach demselben benannt.
Henckelmann, Georg Carl, verwundet bei dem Studenten-Angriff auf
    die Constablerwache, 3. April 1833; geb. 27. März 1808, gest.
    5. April 1833.
Hendschel, Albert Louis Ulrich, Maler, geb. 9. Juni 1834.
Henkel, dänischer Hauptmann, wurde am 19. September 1801 in der
    Schlossermeister Dissmann'schen Behausung neben dem Türken-
    schuss auf der Zeil durch den Juden David Joachim aus Prag
    ermordet.
Herbartstrasse, benannt nach dem Philosophen Johann Friedrich Herbart
    (geb. 4. Mai 1776, gest. 14. August 1841).
Herbstauftritt, tumultuarischer, fand am Allerheiligenthor am 24. Oct. 1831
    statt.
Herbstmesse, erste Urkunde darüber vom 11. Juli 1240 unter Friedrich II.
Herderstrasse, benannt nach dem Gelehrten Johann Gottfried v. Herder,
    (geb. 25. August 1744, gest. 18. December 1803).
Hergenhahn, Carl Friedrich August, Königl. Landrath und Polizeipräsident,
    geb. 14. März 1830 zu Wiesbaden.
Herling, Dr. phil. Simon Heinrich Adolph, Professor am Gymnasium,
    geb. 13. October 1780 zu Detmold, gest. 31. März 1849.
Hess, Johann Friedrich Christian, Stadtbaumeister, emerit. landgräflich
    hessischer Baurath, geb. 6. März 1785, gest. 21. August 1845.
  „ Johannes, Professor am Gymnasium, geb. 24. October 1796, für
    todt erklärt 7. September 1846.
  „ Dr. phil. Michael Isaac, Oberlehrer an der israelitischen Real- und
    Volksschule, geb. 9. April 1782, gest. 26. Februar 1860.
Hessemer, Friedrich August Wilhelm Maximilian, Professor der Bau-
    kunst am Städel'schen Kunstinstitut, geb. 24. Februar 1800,
    gest. 1. December 1860.
Hessendenkmal, vor dem Friedbergerthor, errichtet 1793 durch König
    Friedrich Wilhelm II. von Preussen (geb. 1744, gest. 1797),
    renovirt 1844.
Heussenstamm, Dr. jur. Carl Jacob Moritz, zweiter Bürgermeister, geb.
    4. Juni 1835.
Heuwage, auf dem Rossmarkt, ging im April 1855 ein.
v. Heyden, Dr. phil. Carl Heinrich, Schöff, Entomolog, geb. 20. Jan. 1793,
    gest. 7. Jan. 1866. — Auf denselben schoss Herrlich hinter
    dem Forsthaus am 20. October 1851.

v. **Heyden**, Dr. phil. Lucas Friedrich Julius Dominikus, Hauptmann, Entomolog, Sohn des Vorstehenden, geb. 22. Mai 1838.
Heyden, Dr. phil. Eduard, Verfasser der „Gallerie berühmter Frankfurter", geb. 3. April 1811 zu Hohenlauben, Fürstenthum Reuss, gest. 13. August 1865.
Hinrichtung, letzte, des Häfnermeisters B. am 7. Juni 1799 auf dem Rossmarkt; derselbe brachte am 24. Juni 1794 seine Frau um.
Hirth, Friedrich Christoph, Maler, geb. 26. November 1685 in Durlach, gest. 15. November 1763 dahier.
„ Wilhelm Friedrich, Maler, geb. 11. Febr. 1721, gest. 19. Febr. 1772.
„ Heinrich, Maler, geb. 11. September 1727, gest. 6. September 1769.
Hoch'sches, Dr., Conservatorium für alle Zweige der Tonkunst, trat in's Leben 1. April 1878. (Dr. jur. Joseph Paul Johannes Hoch, geb. 3. Mai 1815, gest. 19. September 1874.)
Höchberg'sche David Emanuel, Stiftung für israelitische Schulfreistellen, gegründet von David Höchberg (geb. 29. Juni 1799, gest. 5. December 1864) und Emanuel Höchberg (geb. 18. Juni 1802, gest. 11. Juni 1871).
Hochgericht im Galgenfeld, wurde am 21. Mai 1720 neu erbaut und die Freisprechung Derjenigen, welche daran gearbeitet haben, Namens des Raths vollzogen.
Hochstift, freies deutsches, gegründet 10. November 1859 bei Gelegenheit von Schiller's 100jähriger Geburtsfeier.
Hofer, Schützen-Gesellschaft, gegründet 1878.
Hoff, Johann Nicolaus, Kupferstecher, Zeichnenlehrer am Gymnasium, geb. 4. Mai 1798, gest. 6. März 1873.
Hofbauer, Joseph, Caplan an der Liebfrauenkirche, geb. 20. März 1832 zu Lerchensang, Württemberg, gest. 23. December 1878.
Hoffmann, Heinrich, Dr. med., Verfasser des „Struwelpeter", geb. 13. Juni 1809.
Holbeinstrasse, benannt nach dem Maler Hans v. Holbein (geb. 1497, gest. 1554).
Hölderlin, Johann Christian Friedrich, Dichter, Hauslehrer in der Familie Gontard dahier von.1796—1798, geb. 20. März 1770 zu Lauffen am Neckar, gest. 7. Juni 1843 zu Tübingen.
Höltystrasse, benannt nach dem Dichter Ludwig Heinrich Christoph Hölty, (geb. 21. December 1748, gest. 1. September 1776).
Holzmann, Johann Philipp, grosser Brand bei demselben vor dem Obermainthor am 22. September 1859.
Holzpförtchen, wurde erbaut 1455, niedergelegt 1840.
„ Thurm an demselben, abgebrochen 1839.
Homburger Eisenbahn, eröffnet 10. September 1860.
Hospital zum heil. Geist, älteste Urkunde darüber vom 15. Februar 1278.
„ wurde 1280 am Geistpförtchen erbaut und 1839 niedergelegt.
„ Grundsteinlegung zum Neubau 25. Mai 1835, bezogen 18. Aug. 1839.

Hospital altes israelitisches für Fremde, wurde 1796 an dem ehemaligen
   Judenkirchhof erbaut; das alte Nebengebäude wurde 1713 beim
   Wegzug aus der Judengasse errichtet.
„ der israelitischen Gemeinde in der Rechneigrabenstrasse, erbaut 1829.
Hospitalkirche am Geistpförtchen, erbaut 1290, wurde am 2. März 1840
   auf den Abbruch versteigert.
Hub, Johann Ludwig, Dichter, geb. 6. April 1813 zu Zweibrücken, gest.
   29. April 1867.
Hufnagel, Wilhelm Friedrich, Dr. theol. und Senior Ministerii, geb.
   15. Juni 1754 zu Schwäbisch Hall, gest. 7. Februar 1830.
„ Dr. phil. Eduard Heinrich Carl Wilhelm, Professor am Gymnasium,
   Sohn des Vorigen (geb. 16. Februar 1794, gest. 29. März 1825).
Hülfskasse, städtische, gegründet 1808.
Hülfsverein für Gewerbtreibende, gegründet 1844, geschlossen 19. Febr. 1881.
Humboldtschule, eröffnet 1876.
Humboldtstrasse, benannt nach dem berühmten Gelehrten Alexander
   v. Humboldt (geb. 14. September 1769, gest. 6. Mai 1859).
Humser, Dr. jur. Gustav Adolph, Rechtsanwalt, Vorsitzender der Stadt-
   verordneten-Versammlung, geb. 26. April 1836.
Hundesteuer-Gesetz, eingeführt 1. Januar 1867.
Hüsgen, Heinrich Sebastian, Kunsthistoriker, geb. 30. November 1745,
   gest. 8. August 1807.
Hussiten, aus Furcht vor denselben wurden 1430 die Wälle der Stadt in
   Stand gesetzt.
Hypothekenbank, Frankfurter, gegründet 1862.
Jaeger, Rudolph, Director der Klingerschule, geb. 18. Februar (Klinger's
   Geburtstag) 1828 zu Waldsee, Württemberg, gest. 8. Jan. 1880.
Jahn-Feier, fand am 11. August 1861 mit einem Zug der Turner in
   den Wald statt.
Jahnstrasse, benannt nach dem Turnvater Friedrich Ludwig Jahn (geb.
   11. August 1778, gest. 15. October 1852).
Janssen, Dr. phil. Johannes, Professor am Gymnasium, geb. 10. April 1829
   zu Xanten, Reg.-Bez. Düsseldorf.
Jassoy, Maria Sophie Louise, geb. 20. Juli 1797, gest. 23. November 1822.
Jatho, Georg Eduard Johannes, Pfarrer, berufen 1880, geb. 6. März 1848
   zu Cassel.
Jeckel, Dr. phil. Carl Theodor, Oberlehrer am Gymnasium, geb. 1. Dec. 1831.
Ihlée, Johann Jacob, Theater-Director, geb. 1762 zu Ellmershausen,
   Niederhessen, gest. 11. Juli 1827.
Imperial-Continal-Gas-Association, gegründet 1. Mai 1844, eröffnet
   18. October 1845; Concessionsdauer bis 30. September 1959.
Instrumentalmusik-Verein, gegründet 1. December 1834, führt seit 1848
   den Namen Philharmonischer Verein.
Intelligenzblatt, gegründet 1. Januar 1722.
Interim, neues deutsches, unterzeichnet zu Wien am 30. September 1849.

Joseph II., zum Römischen König erwählt 27. März und gekrönt 3. April 1764. Deutscher Kaiser 18. August 1765 (geb. 13. März 1741, gest. 20. Februar 1790).
Jost, Dr. phil. Isaac Marcus, Lehrer an der israelitischen Realschule, aus Bernburg, gest. 20. November 1860, 67 Jahre alt.
Irrenanstalt, frühere (Kasten-Hospital) in der Kastenhospitalgasse, jetzt Goethestrasse, wurde 1783 auf dem Platze erbaut, wo die Elisabethenschule steht.
„ neue, wurde 1859 zu bauen angefangen und am 20. October 1861 der Grundstein gelegt.
Israeliten, organisches Gesetz vom 12. September 1853 über die Erweiterung der staatsbürgerlichen Rechte derselben.
„ siehe auch Gesetz.
Jucho, Dr. jur. Friedrich Siegmund, Neffe von Foyerlein, geb. 4. November 1805, Mitglied der deutschen Nationalversammlung für Frankfurt; gewählt 28. April 1848 mit 6650 Stimmen gegen 1404 für Dr. jur. Maximilian Reinganum.
Juden, grosser Kampf gegen dieselben 1240, wobei Viele durch Anzünden ihrer Häuser in den Flammen umkamen und Viele erschlagen wurden.
„ wurde 1458 ein neues Quartier, das sogen. Neu-Egypten (die alte Judengasse) angewiesen, welches sie 1462 bezogen.
„ Kleiderordnung derselben vom 18. Juli 1715.
„ tumultuarische Auftritte gegen dieselben am 10. August 1819, die sogen. Hepp-Hepp-Geschichte.
Judenbrand, sogen. grosser, am 14. Januar 1711, welcher in des Rabbiners Naphthali Haus entstand und die ganze Judengasse zerstörte.
Judendeputation beim Kaiser Joseph II., 6. April 1764.
Judengasse, Plünderung derselben durch den Pöbel und die Handwerks-Gesellen am 22. August 1614.
„ Niederlegung der Thore an derselben am 22. October 1808.
„ Hauseinsturz in derselben 1. März 1872.
Judenschaft, neue Stättigkeits- und Schutzordnung für dieselbe, wurde vom Grossherzog am 30. November 1807 erlassen.
Judenverfolgung und Niedermetzelung fast aller, welche nicht entflohen waren, fand 1349 statt.
Jugendwehr, gegründet 1862.
Jung, Dr. phil. Johann Christian, Oberlehrer an der Weissfrauenschule, geb. 12. Januar 1790, gest. 8. Februar 1848.
„ Dr. phil. Philipp, Consistorialrath und Pfarrer, berufen 1857, geb. 21. August 1828 zu Rüsselsheim.
Jungfern Köchinnen (von Malss) zum erstenmal dahier aufgeführt am 16. Februar 1835.
Junker, Hermann Philipp Ludwig Friedrich, Kunstmaler, geb. 18. Sept. 1838.
Juristische Gesellschaft, gegründet 1866.
Just, Johannes, Ehrendirector des Liederkranzes, geb. 27. April 1792, gest. 22. September 1877.
Justiz, Trennung derselben von der Verwaltung, Gesetz vom 16. Sept. 1856.

Justizgesetze, Einführung der neuen deutschen, 1. October 1879.
Kaffeehaus, das erste wurde dahier 1689 errichtet.
Kaisersaal, wurde 1612, 1711, 1742, 1827 und 1841 renovirt.
Kalb, Dr. phil. Philipp Leonhard, Pfarrer, berufen 1851, emeritirt 1870, geb. 16. August 1812.
Kälte, grösste des Winters 1829/1830, war am 2. Februar 1830 — 25°.
„ grösste im Jahre 1845 am 19. Februar — 16,7°.
„ grösste im Winter 1879/1880 am 20. Januar 1880 — 18°.
Kantstrasse, benannt nach dem Philosophen Immanuel Kant (geb. 22. April 1724, gestorben 12. Februar 1804).
Kappes, Carl, Kupferstecher, geb. 5. Januar 1821, gest. 3. Juli 1857.
Karl der Grosse, König der Franken seit 768, Römischer Kaiser von 800—814, geb. 2. April 742, gest. 28. Januar 814 zu Aachen.
„ Gemahlin, Fastrada, starb dahier 794 und wurde in Mainz begraben.
„ Standbild auf der Brücke wurde am 31. October 1843 aufgestellt.
„ **IV.** wurde 1346 zum Römischen König erwählt.
„ **V.** wurde am 28. Juli 1519 zum Römischen Kaiser erwählt.
„ **VI.** wurde am 12. October 1711 zum Römischen Kaiser erwählt und den 22. December e. a. gekrönt.
„ **VII.** wurde am 24. Januar 1742 zum Römischen Kaiser erwählt und den 12. Februar e. a. gekrönt.
Karmeliterkloster, gegründet 1246.
„ in demselben brach am 25. Mai 1638 Feuer aus, bei welchem der Prior Johannes Backhusius verbrannte; im Jahre 1726 wurde der hintere Theil des Klosters durch Feuer zerstört.
Karmelitermönche, wurden am 10. August 1338 aus Frankfurt vertrieben.
„ Wiedereröffnung deren Gottesdienstes am 31. October 1350.
Kartoffeln, wurden die ersten 1757 dahier angepflanzt.
Kaupert, Gustav, Professor, Bildhauer und Lehrer am Städel'schen Kunst-Institut, geb. 4. Mai 1819 zu Cassel.
Kayser, Philipp Christoph, Componist und Jugendfreund Goethe's, geb. 11. Mai 1755, gest. 24. December 1823 zu Oberstrass bei Zürich.
Kelchner, Dr. phil. Ernst, Amanuensis der Stadtbibliothek, geb. 9. August 1831.
Keplerstrasse, benannt nach dem Astronomen Johann Kepler (geb. 27. December 1571, gest. 15. November 1630).
Kessel, Philipp, Director an der St. Leonhardskirche, geb. 20. Juli 1807 zu Wellmich am Rhein, gest. 6. December 1858.
Kilzer, Johann Sebastian Wilhelm, Lehrer an der Musterschule und Präsident des Thierschutz-Vereins, geb. 11. April 1799, gest. 9. April 1864.
Kindergarten in Sachsenhausen, gegründet 1872.
Kirche, deutsch-reformirte, wurde 1790 erbaut und am 17. März 1793 eingeweiht.
„ französisch-reformirte, erbaut 1790 und eingeweiht 16. Sept. 1793.
Kirchengemeinde, katholische, gegründet 22. October 1822.
Kirchentag, evangelischer, abgehalten in der Paulskirche 22./26. Sept. 1854.

Kirchenverfassung, lutherische, abgeändert 1856, wonach künftig jeder Sprengel seinen Pfarrer wählt.
Kirchenzettel, wurde durch den Oberglöckner Pomarius 1770 eingeführt.
Kirchner, Dr. phil. Anton, Consistorialrath und Pfarrer, Frankfurter Geschichtsschreiber, berufen 1804, geb. 14. Juli 1779, gest. 1. Januar 1835.
" -Denkmal, enthüllt 14. Juli 1879.
" -Strasse nach demselben benannt.
" Dr. theol. et phil. Conrad Maximilian, Consistorialrath und Pfarrer, berufen 1833, geb. 11. Januar 1809, gest. 7. September 1874.
Kirschten, Anton, Pfarrer, berufen 1820, geb. 17. Januar 1785, gest. 15. Mai 1844.
Klapperfeld, Hauseinsturz auf demselben 11. Januar 1866.
Kleeblatt'sche Schwimmanstalt, errichtet 1809. (Johann Friedrich Kleeblatt, gest. 22. Januar 1833, 62 Jahre alt.)
Kleinkinderschule, eröffnet in Sachsenhausen 21. Mai 1832, Grundsteinlegung zum neuen Schulhaus 19. April 1837, Eröffnung 1. August 1838, die zweite auf der Schäfergasse (Petersschule) 5. März 1833, die dritte an der Weissfrauenkirche (Myliusschule) 4. November 1846.
Kleiststrasse, benannt nach dem Dichter Heinrich v. Kleist, (geb. 10. Oct. 1777, gest. 21. November 1811.)
v. Klinger, Friedrich Maximilian, geb. 18. Februar 1752, gest. 25. Februar 1831 zu St. Petersburg.
Klingerschule, eröffnet den 28. April 1876.
Klingerstrasse, benannt nach demselben.
Klingling, Catharine Elisabethe, Gründerin einer Pfründneranstalt für evangelische Bürgerstöchter, geb. 30. März 1796, gest. 20. Nov. 1857.
Klitscher, Friedrich Vertraugott, Lehrer am Gymnasium und Gründer der Musterschule, geb. 19. Januar 1772 zu Karolath, Schlesien, gest. 4. December 1809 zu Glatz, Schlesien.
Klüber, Dr. jur. Johann Ludwig, Staatsrath und Herausgeber der Acten des Wiener Congresses, geb. 10. November 1762 zu Thann bei Fulda, gest. 16. Februar 1837.
Klüberstrasse, benannt nach demselben.
Konewka'sche Gesangschule, gegründet 1873.
König, Dr. phil. Johann Philipp, Senior Ministerii und Consistorialrath, berufen 1816, emerit. 1873, geb. 28. Februar 1788, gest. 7. März 1880.
Königsteiner Kirchweihe; auf dieselbe fuhr Sonntag den 19. August 1827 eine Gesellschaft in einem Fischernachen auf einem Wagen, von vier Pferden gezogen.
Königswarter'sche, Arthur und Emil, Unterrichts- und Studien-Stiftung, trat in's Leben 17. März 1873.
Konrad III, liess vor Beginn des Kreuzzuges, 1147, seinen Sohn Heinrich zum Römischen König wählen.

Körnerstrasse, benannt nach dem Dichter und Freiheitskämpfer Theodor
  Körner (geb. 23. Sept. 1791, gefallen bei Gadebusch 26. Aug. 1813).
Körper, gesetzgebender, erste öffentliche Sitzung am 18. August 1847,
  letzte Sitzung am 10. September 1866.
Kortegarn, Dr. phil. Hermann Arthur, Director der Wöhlerschule seit
  1. October 1880, geb. 1. August 1837 zu Neuwied.
Kosel, Ludwig Christian, Gründer der Taubstummen-Erziehungs-Anstalt,
  geb. 26. März 1802, gest. 18. Juni 1847.
Krachbein, Haus zum, dessen schon 1467 erwähnt wird und Gasthaus war,
  ist der jetzige „König von England", das Oberlandesgerichts-
  Gebäude (A. 123).
Krankenkasse „Zur verbrüderten Freundschaft", gegründet 1817.
Kranken- und Invalidenkasse für Buchdrucker, gegründet 1834.
Kranken- und Sterbekasse der Frankfurter Cigarrenmacher, gegründet 1858.
  „ „Zur standhaften Nächstenliebe", gegründet 1863.
  „ allgemeine Frankfurter, gegründet 1. April 1874.
Kranken-Unterstützungskasse „Zur Bruderliebe", gegründet 1813.
  „ „Nächstenliebe", gegründet 1863.
Kranken-Unterstützungs- und Sterbekasse des Königlichen Polizeipräsidiums,
  gegründet 1. April 1878.
Kranken-Unterstützungsverein, israelitischer, gegründet 1843.
Kraus, Georg Melchior, Kunstmaler, geb. 26. Juli 1737, gest. 5. Nov. 1806.
Krebs, Dr. phil. Johann Jacob, Senior Ministerii und Consistorialrath,
  berufen 1857, geb. 29. November 1829.
Kreuz, steinernes vor dem Eschenheimerthor, an der Ecke des Grüneburg-
  wegs und Eschersheimer Landstrasse, 1497 errichtet mit der
  Inschrift:
    „Anno Domini 1497 ward diess Kreutz uffgerichtet von dem
    „ehrsam Helisius Wies dem JX (Jesus Christus) gnädig sei."
  Dasselbe wurde 1861 entfernt.
Kreyssig, Friedrich Alexander Theodor, Professor, Director der Wöhler-
  schule, geb. 5. October 1818 zu Gottesgabe, Ostpreussen, gest.
  20. December 1879.
Krieger-Denkmal auf dem Peterskirchhofe, enthüllt 10. Mai 1878.
Krieger-Kameradschaft, gegründet 11. April 1878.
Kriegk, Dr. phil. Georg Ludwig, Stadtarchivar, Frankfurter Geschichts-
  forscher, geb. 25. Juli 1805 zu Darmstadt, gest. 28. Mai 1878.
Kriegscontribution von 25 Millionen Gulden forderte am 20. Juli 1866
  der preussische General von Manteuffel.
Krippen, Verein zur Errichtung derselben, wurde 1851 gegründet und
  1852 die erste in Sachsenhausen eröffnet.
Krögerstrasse, benannt nach dem Gründer der Pfründner-Stiftung, Philipp
  Franz Christian Kröger (geb. 5. Mai 1787, gest. 13. Juli 1854).
Kronberger, die Schlacht mit denselben 1389.
Krönung, die erste wurde dahier abgehalten 887 (Arnulph).
  „ die letzte am 14. Juli 1792 (Franz II.)

Kugler, Dr. jur. Ernst Friedrich Wilhelm, Oberlandesgerichts-Rath, Präsident der constituirenden Versammlung 1848, Schwager des Bürgermeisters Fellner, geb. 14. April 1810, gest. 11. März 1881.

Kühner, Dr. phil. Carl Friedrich Ludwig. Director der Musterschule, geb. 26. April 1804 zu Hildburghausen, emerit. 1. April 1867, gest. 11. September 1872.

Kunstgewerbeschule, eröffnet 3. October 1880.

Kunstverein, gegründet 1829, der neue eröffnet 1855.

Kutscheit, Dr. phil. Johann Valerius, Redacteur der Postzeitung, aus Berlin, gest. 25. December 1853, 41 Jahre alt.

Landbewohner, Aufhebung der Beschränkung der staatsbürgerlichen Rechte derselben, Gesetz vom 7. October 1864.

Landparthie nach Königstein (v. Malss), dahier zum ersten Male aufgeführt am 26. November 1832.

Landsturm, Frankfurter, wurde durch Gesetz vom 14. August 1817 zur Landwehr umgeschaffen.

Latern, Frankfurter (von Friedrich Stoltze und Ernst Schalck) erschien zum ersten Male als Probenummer (No. 0) am 27. August 1860.

Lauer, Catharine Rosine, später mit dem Pfarrer Dr. phil. Johann Peter Fester zu Bornheim verehelicht, Stickerin der Fahne für die Freiwilligen von 1814, geb. 13. März 1783, gest. 21. April 1860.

v. der Launitz (Schmidt), Nicolaus Carl Eduard, Professor der Bildhauerkunst, geb. 23. November 1797 zu Grobin, Kurland, gest. 12. December 1869.

Launitzstrasse, benannt nach demselben.

Lay, Friedrich Ludwig, Historienmaler, geb. 13. Juli 1814 zu Kelsterbach.

Lazarethe auf der Pfingstweide, brannten am 16. Februar 1814 nieder.

Lebensmittel-Verein, gegründet 1873.

Lebensversicherungs-Gesellschaft, concessionirt 9. Juli 1844.

Lederhalle im Trier'schen Hof, eröffnet 1853.

Lehrerverein, gegründet 6. December 1876.

„ dessen Spar- und Leihkasse, gegründet 11. Juni 1879.

Lehrlingshaus, Frankfurter, gegründet im December 1874.

Leibnitzstrasse, benannt nach dem Philosophen Gottfried Wilhelm v. Leibnitz (geb. 3. Juli 1646, gest. 14. November 1716).

Leinwandhaus, diente im Jahre 1404 als Stadtschreiberei, von 1411—1583 als Gefängniss, 1813—1814 als Lazareth; seit 1857 werden darin die Schwurgerichts-Sitzungen abgehalten.

Leiszoll (Lauszoll, Lusezoll, eigentlich Lösezoll), war eine Abgabe, die von Allen, so ein Gewerbe betrieben, bezahlt wurde mit einem Heller monatlich, später bis in dieses Jahrhundert mit 10 bis 20 Kreuzer messentlich von solchen Bürgern, die in ihren Hausläden feil hielten. Diesen Zoll kaufte die Stadt 1425 von den Rittern von Sachsenhausen um 400 Goldgulden; aufgehoben wurde derselbe am 1. August 1848.

Leissring, Christian August Joachim, Schauspieler aus Sangerhausen, Regierungsbezirk Merseburg, gest. 15. Nov. 1852, 74 Jahre alt.

Lenau's Braut siehe Behrends.

Lenaustrasse, benannt nach dem Dichter Nicolaus Lenau (geb. 13. Aug. 1802, gest. 22. August 1850).

Lentzner, Johann Heinrich, Genre- und Thiermaler, geb. 20. Aug. 1778, gest. 12. October 1836.

„ Johann Nicolaus, Landschafts- und Thiermaler, geb. 10. Juli 1711 zu Schleiz, gest. 9. Juli 1749.

Leonhardskirche, mit dem Bau derselben, welche früher den Namen der heiligen Jungfrau Maria und des heiligen Georg führte, wurde 1220 begonnen; 1323 erhielt sie den Arm des heiligen Leonhardus aus Vienne in Frankreich, daher ihr jetziger Name.

„ in dieselbe schlug der Blitz bei einem heftigen Gewitter am 23. Juli 1605.

Leonhardsthor, wurde im August 1836 entfernt.

Leopold I., König von Ungarn und Böhmen, erwählt zum Römischen Kaiser 11. Juli 1658.

„ II., zum Römisch-Deutschen Kaiser erwählt 30. September 1790 und gekrönt 9. October (geb. 1747, gest. 1792).

v. **Lersner,** Achilles August, der Frankfurter Chronist, geb. 29. April 1662, gest. 29. December 1732.

Lersnerstrasse, benannt nach demselben.

Leseclub, dramatischer, gegründet 1875.

Lessingstrasse, benannt nach dem Gelehrten Gotthold Ephraim Lessing (geb. 22. Januar 1729, gest. 15. Februar 1781).

Lichnowsky, Fürst Felix Maria Vincenz Andreas, geb. 5. April 1814, gest. (ermordet) 18. September 1848.

Lichtwerck, Joachim Christian, Schneidermeister, brachte am 16. Juni 1836 Nachmittags zwischen 4 und 5 Uhr seine Frau, 2 Kinder und sich selbst um's Leben (Bockgasse 2).

Liebfrauenkirche, auf dem ehemaligen Rossbügel, fundirt von Schöff Weigel v. Wanebach und erbaut 1322, renovirt 1861/1862.

Liebfrauenschule, eröffnet 18. November 1872 in den Lokalitäten der alten Catharinenschule.

Liebfrauenstrasse, der Durchbruch nach dem Liebfrauenberg fand statt 1855, die Bauten wurden vollendet 1858.

Liebigstrasse, benannt nach dem Chemiker Justus v. Liebig (geb. 12. Mai 1803, gest. 18. April 1873).

Liederkranz, gestiftet 15. Februar 1828.

„ festlicher Abend desselben in der neuen Anlage, bei Gelegenheit der hier tagenden Neunten Allgemeinen Deutschen Lehrerversammlung am 4. Juni 1857.

Liedertafel, gegründet 1827.

Lindner (Diedolf), Maria Caroline Friederike, Schauspielerin, geb. 13. September 1797, gest. 10. September 1863.

Linienmilitär, Abmarsch desselben nach Spanien 26. August 1808.

„ erster Ausmarsch des ersten Bataillons im Februar, des zweiten und dritten Bataillons am 25. März 1814 gegen Frankreich; zurück 7. Juli e. a.

Linienmilitär, zweiter Ausmarsch desselben gegen Frankreich 19. Juni 1815, kehrte im October e. a. wieder zurück.
- „ Zusammenstoss in Sachsenhausen am 7. Juli 1848, wobei der Gefreite Conrad Gonter erschossen wurde.
- „ Huldigungsfeier desselben gegenüber der neuen Centralgewalt am 6. August 1848 auf dem Rossmarkt.
- „ Abmarsch nach Schleswig-Holstein 9. August 1848; als Ersatz rückte an diesem Tage ein Bataillon Kurhessen ein; kehrte zurück am 13. December e. a.
- „ Abmarsch nach Baden 9. Juni 1849, dasselbe kehrte am 31. Aug. e. a. zurück.
- „ legte am 5. April 1854 die schwarz-roth-goldne Cocarde ab.
- „ wurde aufgelöst 19. Juli 1866.

Linnemann, Johann Alexander, Architect, geb. 14. Juli 1839.

Linnéstrasse, benannt nach dem Naturforscher und Botaniker Carl v. Linné (geb. 14. Mai 1707, gest. 10. Januar 1778).

Listmann, Georg Joseph, Verfasser des Sagenbuchs von Frankfurt, geb. 18. Januar 1825.

Lizius, Bernhard, Student, liess sich am 31. October 1833 aus seiner Zelle auf der Constablerwache herunter und ging flüchtig.

Lotterie, Stadt-, Capital-, wurde 1750 durch Johann Matthias Bansa eingeführt.
- „ Stiftungs-, errichtet 1791.
- „ letzte Ziehung am 26. März 1873.

Lotz, Jacob Eduard, Gründer der verbündeten Männer-Gesang-Vereine, geb. 17. Februar 1824, gest. 11. Mai 1863.

Lucae, Dr. med. Samuel Christian, Professor, Anatom, geb. 30. April 1787, gest. 28. Mai 1821.
- „ Dr. med. Johann Christian Gustav, Professor, Anatom, geb. 14. März 1814.
- „ Dr. jur. Friedrich Carl August, Schriftsteller, geb. 16. Juli 1815, gest. 28. Februar 1859.

Ludwig der Deutsche, starb 5. September 876 in der Sala und wurde im Kloster Lorch an der Bergstrasse begraben.
- „ der Bayer, wurde vor Frankfurt und Friedrich von Oesterreich vor Sachsenhausen 1314 gleichzeitig zum Kaiser erwählt.

Luther, Dr. Martin (geb. 10. November 1483, gest. 18. Februar 1546), war am 21. April 1521 auf seiner Reise nach Worms hier anwesend und wohnte Buchgasse 13.

Luther's 300jähriger Todestag wurde am 18. Februar 1846 in den hiesigen Kirchen gefeiert.

Lützowstrasse, benannt nach dem Freiheitskämpfer Ludolf Adolph Wilhelm v. Lützow (geb. 18. Mai 1872, gest. 6. December 1834).

Lux, Joseph, Schauspieler, gest. 9. Mai 1818, 61 Jahre alt.

Lyceum Carolinum, wurde unter der Regierung des Grossherzogs von Frankfurt 1. Februar 1812 gegründet, welches mit dem Aufhören der Grossherzoglichen Regierung, 1813, seine Endschaft erreichte.

Maas'sche, Louis Mayer, Stiftung zur Förderung der Jugendbildung armer Israeliten, gegründet 2. Mai 1872 (Louis Mayer Maas, geb. 26. December 1790, gest. 7. December 1874).

Mädchenstift, gegründet 1877.

Magdalenen-Verein, Frankfurter, eröffnet 16. Mai 1877.

Magistrat, Vereidigung desselben am 27. Februar 1868 durch den ersten Bürgermeister Senator Dr. Daniel Heinrich (v.) Mumm, nachdem dessen Vereidigung vorher durch den Regierungspräsidenten v. Diest erfolgt war.

Mahl- und Schlachtsteuer, sowie die Erhebung der Accise, eingeführt 1864, hörte mit dem 1. Januar 1875 auf.

Mahner, Ernst, der Urgesundheits-Apostel, schwamm im Februar 1861, als Vater Rhein costümirt, auf einer Eisscholle den Main hinab.

Main, grosse Lustbarkeit auf demselben am 21. Januar 1854; Trink- und Speisebuden, zwei Schnurren, Drehorgeln, Harfen- und Guitarre-Mädchen verherrlichten das Treiben unter Fackelbeleuchtung bis in die Nacht hinein. Die zweite fand am 25. statt.

„ grosses Eisfest auf demselben im Januar 1861; Schnarren, Schlitten mit Pferden, Fackelzug von 200 Trägern, sowie österreichische Militärmusik, trugen zur Verherrlichung des Festes bei.

Mainarmee, preussische Truppen derselben unter General Vogel v. Falckenstein, rückten am 16. Juli 1866 Abends hier ein.

Mainkur, Stürmung des Zollhauses daselbst und Verbrennung der Acten am 6. Januar 1832.

Mainlust, ehemalige (v. Guaita'scher Garten), wurde am 22. April 1832 von Johann Georg Ried eröffnet.

„ die letzte Harmoniemusik auf derselben fand am 2. Januar 1859 statt.

„ welche 1866 zum Hospital diente, wurde 1873 niedergelegt.

Main-Neckar-Eisenbahn, eröffnet 16. Juli 1846.

Main-Neckar-Eisenbahn-Brücke, erbaut 1845 durch Oberingenieur Remigius Eyssen (geb. 2. April 1813, gest. 2. November 1859).

„ vom Damm in den noch nicht gewölbten Landbogen derselben stürzten am 16. August 1846 zwei Locomotiven.

Main-Weser-Eisenbahn, eröffnet bis Friedberg 11. März 1850, bis Cassel 1. Mai 1852.

Mainufer, Neubau desselben wegen der Anlage der Verbindungsbahn, ausgeführt 1856—1858.

Mainquai, neuer, vom Holzpförtchen bis an das Burnitz'sche Haus (Untermainquai 2), wurde 1840 fertig.

Malmoe, Genehmigung des Waffenstillstandes am 16. September 1848 nach dreitägiger Discussion in der Nationalversammlung.

Malss, Carl Balthasar, Verfasser des „Bürgercapitains" etc., geb. (am Tag der Einnahme Frankfurts durch die Hessen und Preussen) 2. December 1792, gest. 3. Juni 1848.

„ Johann Gerhard, Kunstmaler, Inspector des Städel'schen Kunstinstituts, geb. 24. April 1819.

Malten, Dr. phil. Carl Heinrich Gottlieb, Redacteur der Postzeitung, geb.
9. October 1795 zu Berlin, gest. 12. December 1856.

Männer-Krankenkasse, israelitische, gegründet 1738 von Benedict Elias Maas. Die älteste noch vorhandene Urkunde, nachdem 1796 viele Papiere verbrannten, datirt vom Jahre 1772.

„ „Zur Brüderlichkeit", allgemeine, gegründet 1851.
„ „Zur Einigkeit", gegründet 1857.
„ „Zur Wohlthätigkeit", gegründet 1870.

Männer-Kranken- und Sterbekasse „Zur Wohlfahrt", gegründet 1869.

Männer-Quartett, Frankfurter, gegründet 1878.

Mappes, Dr. med. Johann Michael, Physicus prim., Mitstifter der Senckenberg'schen naturforschenden Gesellschaft, geb. 10. Oct. 1796, gest. 28. April 1863.

Mardner, Simon Peter, gew. Oberlehrer an der Schule der Rosenberger Einigung, geb. 1. October 1806 zu Kiedrich, Nassau; lebt zu Neudorf, Rheingau.

Markthalle, eröffnet 10. Februar 1879.

Markthallen- und Platzgeld-Ordnung vom 20. Januar 1879.

Maskenball, der erste, seit der Primatischen Regierung nicht mehr der Fall, wurde am 15. Januar 1840 in dem Schauspielhause wieder abgehalten.

Matthiä, Dr. phil. Friedrich Christian, Director und Professor am Gymnasium, geb. 30. December 1763 zu Göttingen, gest. 21. März 1822.

Matthias, König von Böhmen und Erzherzog von Oestreich, erwählt zum Kaiser am 3. und gekrönt 13. Juni 1612.

Maximilian I., einstimmig zum Römischen König erwählt 16. Febr. 1468.
„ II., zum Kaiser erwählt am 24. und gekrönt 30. November 1562.

Meck, Johann Leonhard, Schauspieler, geb. 7. Juli 1787 zu Fürth, gest. 19. Januar 1861.

Mehlwaage, wurde auf die Stelle des ehemaligen Judenkirchhofs 1438 erbaut; neu erbaut 1715.

„ wurde am 9. Nov. 1797 von der Metzgerzunft wegen Befreiung des auf derselben gefangen gehaltenen Metzgermeisters K o c h erstürmt.

Meisinger, Dr. phil. Friedrich Christian Carl, Pfarrer, berufen 1843, geb. 7. Juli 1808, gest. 13. Februar 1868.

Melanchton, Philipp, war hier anwesend 1524, 1536 und zuletzt vom 12. Februar bis 20. April 1539.

Mendelssohnstrasse, benannt nach dem Componisten Felix M e n d e l s s o h n - B a r t h o l d i (geb. 3. Februar 1809, gest. 4. November 1847).

Mendelssohn-Verein, gegründet 6. September 1879 und benannt nach dem Philosophen Moses M e n d e l s s o h n (geb. 10. September 1729, gest. 4. Januar 1786).

Merian, Matthäus, Maler und Kupferstecher, geb. 22. September 1593 zu Basel, gest. 19. Juli 1650 zu Schwalbach.

Merian, Matthäus, Maler und Kupferstecher, geb. 1621 zu Basel, gest. 15. Februar 1687.
„ Johann Matthäus, Maler und Kupferstecher, getauft 13. Dec. 1659, gest. 4. Mai 1716.
„ Maria Sibylla, Tochter des älteren Matthäus Merian, Malerin. geb. 2. April 1647 dahier, gest. 13. Januar 1717 zu Amsterdam.
Merianstrasse, benannt nach den Vorstehenden.
Merten, Joseph, Director an der St. Leonhardskirche, gest. 24. Aug. 1841 zu Wiesbaden, 69 Jahre alt.
Messbuden, wurden wegen des hohen Wasserstandes am 5. April 1845, statt am Main, auf dem Rossmarkt aufgeschlagen.
„ wegen Befürchtung von grossem Wasser wieder daselbst aufgeschlagen 7. März 1853.
Messe, zum Schutz derselben ertheilte Friedrich I., Barbarossa, 1165 der Stadt ein Privilegium.
„ bestätigt von Karl V. durch Privilegium vom 4. März 1357.
„ wurde seit 1867 zum ersten Male wieder am 14. März 1880 eingeläutet.
„ siehe auch Oster- und Herbstmesse.
Messer, Franz, Director des Cäcilienvereins, geb. 21. Juli 1811, gest. 9. April 1860.
Messfreiheiten, Bestätigung und Erneuerung derselben durch Kaiser Sigismund, 30. November 1434.
Messgeleit, schon Kaiser Friedrich II. ertheilte den die Messe Besuchenden Reichsschutz; aufgehoben wurde das Geleit 9. April 1803.
Messglocke, grosse (Gloriosa). 81 Centner schwer, wurde 1484 gegossen und schmolz bei dem Dombrande, 15. August 1867.
Metzgerthor, Thurm an demselben wurde niedergelegt beim Uferbau, 1831.
v. Meyer, Dr theol. et jur. Johann Friedrich, Staatsmann, Theolog und Senator, geb. 12. September 1772, gest. 28. Januar 1849 (einen Tag nach seiner Gattin).
„ Dr. phil. Christian Erich Hermann, Paläontolog, geb. 3. Sept. 1801, gest. 2. April 1869.
Micyllus, Jacob, eigentlicher Gründer und Rector des Gymnasiums, gest. 28. October 1558 zu Heidelberg.
Mikroskopischer Verein, gegründet 1855.
Militär-Conscription, primatische vom 19—25. Lebensjahr, vom 21. Dec. 1810.
Militärspital auf der Pfingstweide in dem ehemaligen Bunsen'schen Garten, wurde 1833 errichtet und 1850 durch Ankauf des Ellissen'schen Gartens bedeutend erweitert.
Miquel, Dr. jur. Johannes, Oberbürgermeister, geb. 21. Februar 1829 zu Neuenhaus, Hannover.
Missel, Joh. Christoph, Oberlehrer an der Allerheiligenschule, Emeritus, geb. 30. December 1787 zu Hanau, gest. 22. December 1872.
Missionsverein, evangelischer, gegründet 17. November 1819.
Mittelschule, siehe Catharinenschule.
Mittwochs-Gesellschaft, gegründet 1876.
Modellirschule, gestiftet 1824.

Mohr, Dr. phil. Joh. Jacob, Oberlehrer an der Catharinenschule, geb. 15. Juli 1824.
Molitor, Philipp Adolph Joseph, letzter Grossh. Frankfurtischer Staatsrath, gest. 17. Januar 1840, 87 Jahre alt.
„ Dr. phil. Joseph Franz, Professor am ehemaligen Lyceum, geb. 8. Juni 1779, gest. 23. März 1860.
Mommsen, Dr. phil. Carl Johann Tycho, Director und Professor am Gymnasium, geb. 23. Mai 1819 zu Garding, Schleswig.
Moog, Gottlieb, Schreinermeister, Mordthat desselben an sich, seiner Frau und 5 Kindern am 21. August 1817.
Morgenstern, Joh. Friedrich, Kunstmaler, geb. 8. October 1777, gest. 21. Januar 1844.
„ Joh. Ludwig Ernst, Kunstmaler, geb. 24. October 1738 zu Rudolstadt, gest. 13. November 1819.
„ Carl, Kunstmaler, geb. 25. October 1811.
„ (Controllestab), wurde von dem Kriegszeugamt 1773 für die Nachtwächter eingeführt.
Mosche, Dr. theol. Gabriel Christoph Benjamin, Senior Ministerii und Consistorialrath, geb. 23. März 1723 zu Grossenehring, Schwarzburg-Sondershausen, gest. 8. Februar 1791.
„ Dr. phil. Christian Julius Wilhelm (Sohn des Vorigen), Director und Professor am Gymnasium, geb. 5. November 1768 zu Arnstadt, Thüringen, gest. 19. December 1815 zu Lübeck.
Mozartplatz, benannt nach dem Componisten Wolfgang Amadeus Mozart, (geb. 27. Juni 1756, gest. 5. December 1791).
Mozartstiftung, gegründet 1838.
v. Mühlen'sche Stiftung (Entbindungs-Anstalt im Dr. Christ'schen Kinderhospital), eröffnet 1. Januar 1855. (Gegründet von Frau Henriette Charlotte v. Mühlen, geb. von Lersner, geb. 17. Juni 1770, gest. 15. Januar 1853.)
Müller, Dr. jur. Samuel Gottlieb, Senator und Syndicus, geb. 20. Januar 1802, gest. 1. December 1880.
„ Dr. jur. Siegmund Friedrich, Präsident des ersten deutschen Schützenfestes, geb. 26. November 1810 zu Wetzlar.
„ Dr. jur. Siegmund Friedrich, Fackelzug zu Ehren desselben, 2. Febr. 1863.
„ Joh. Carl, Kupferstecher, geb. 12. Nov. 1811, gest. 21. April 1872.
Mumm v. Schwarzenstein, siehe Oberbürgermeister.
Münzconvention, abgeschlossen 30. Juli 1838.
Münze, erste Erwähnung einer (königl.) 1194.
„ neue, eröffnet 1840.
Münzenberger, Ernst F. A., Geistlicher Rath und Stadtpfarrer, Ehrendomherr und bischöfl. Commissar, geb. 5. Juli 1833 zu Düsseldorf.
Münzvertrag, am 24. Januar 1857 abgeschlossen.
Museum, historisches, eröffnet 16. Juni 1878.
Museums-Gesellschaft, gegründet 1808, in's Rothe Haus auf die Zeil verlegt 5. November 1829, in den Weidenbusch 5. October 1832; reorganisirt und in den Saalbau verlegt 1861.

Musikschule, gegründet 1860.
Musterschule, gegründet 1803, am Hermesweg eröffnet 11. October 1880.
Mutterloge, grosse des eklektischen Bundes, gegründet 18. März 1783, zur unabhängigen Grossloge erklärt 1823.
Mylius, Carl Jonas, Architect, geb. 6. December 1839.
„ Heinrich, welcher als grosser Wohlthäter seiner Vaterstadt auch in der Ferne gedachte, geb. 14. März 1769, gest. 21. April 1854 zu Mailand.
Myliusstrasse, benannt nach demselben.
Nassovia, geselliger Verein, gegründet 1878.
Nationalversammlung, deutsche, eröffnet 18. Mai 1848.
„ Beschluss vom 29. Mai 1849, ihren Sitz nach Stuttgart zu verlegen.
„ hielt ihre letzte Sitzung in der Paulskirche 31. Mai 1849.
Neeb, Heinrich Adam, Componist, geb. 11. December 1808, gest. 17. Januar 1878.
Neebstrasse, benannt nach demselben.
Neeb'sche Stiftung zur Unterstützung bedürftiger Tonkünstler, gegründet 3. Juni 1876.
Neeff, Dr. med. Christian Ernst, Physiker, geb. 23. August 1782, gest. 15. Juli 1849.
Nesenus, Wilhelm, erster am 13. April 1520 hierher berufener Lehrer, geb. 2. Januar 1493, gest. 1524 zu Zittau.
Neubauer, Friedrich Ludwig, Kupferstecher (Schwiegervater von Schöff Cöster), geb. 12. Mai 1767, gest. 30. Juni 1828.
Neuburg, Dr. med. Johann Georg, Mitstifter der Senckenberg'schen naturforschenden Gesellschaft, geb. 25. October 1757, gest. 25. Mai 1830.
Neue Anlage, siehe Tivoli.
Nicolaikirche, erbaut unter Conrad III.) als Capellia regia, geweiht 28. Mai e. a.
„ wurde 1282 durch Rudolph von Habsburg erneuert.
„ jetzige, erbaut 1290.
„ erhielt eine eiserne Thurmspitze 1843.
„ wurde 1847 wieder eingeweiht, nachdem sie Jahre lang als Lagerhaus und später zum Aufbewahren von Messbuden gedient hatte.
Niedererlenbach kam 1376 zu Frankfurt.
Niederländische Gemeinde, gegründet 31. Mai 1585.
Niedermayer, Andreas, Caplan an der Deutschhauskirche und Inspector der Deutsch-Ordens-Commende, geb. 11. October 1835, gest. 17. Januar 1872.
Niederrad, daselbst wurde die erste Kirchweihe gehalten 29. Mai 1608.
„ brannte 26. Mai 1616 ganz ab.
Niederursel, die Theilung desselben zwischen Frankfurt und Solms-Rödelheim wurde am 9. Juli 1714 vorgenommen.
Noll, Dr. phil. Friedrich Carl, Oberlehrer am Gymnasium, geb. 22. September 1832 zu Niederrad.
Nolte, Caspar Wilhelm, Literat und Lehrer an der Wöhlerschule, Stadtverordneter von 1867—1880, geb. 1. Mai 1816 zu Westerode, Hannover.

v. **Nordheim,** Friedrich August, Bildhauer und Münz-Medailleur, geb. 1813 zu Heinrichs, Thüringen.
Oberbürgermeister, (Senator Dr. Daniel Heinrich [v.] Mumm, geb. 18. December 1818), Vereidigung desselben am 27. Februar 1868 durch den Regierungspräsidenten v. Diest.
Oberforsthaus, erbaut 1729.
Oberländische Gemeinde, gegründet 1754.
Obermainbrücke, wurde dem Verkehr übergeben 13. Juli 1878.
Obermainthor, steinerne Treppe an demselben, errichtet im Juli 1865.
Oberrad kam 1484 zu Frankfurt.
„ steckten die Franzosen 1698 in Brand.
October, 18., die letzte allgemeine Feier desselben zur Erinnerung an die Schlacht bei Leipzig fand 1847 statt.
„ wurde 1863 als 50jähr. Gedenktag der Schlacht bei Leipzig gefeiert.
Offenbacher Eisenbahn, erste Fahrt auf derselben 25. Juli 1847, eröffnet 15. November 1848.
„ Zusammenstoss zweier Züge bei Oberrad, bei Gelegenheit des mittelrheinischen Turnfestes, am 6. August 1860.
Ohler, Heinrich, Stiftsbotanikus, geb. 4. Mai 1803 zu Niederrad, gest. 21. Juni 1876.
Opernhaus, neues, eröffnet 20. October 1880 mit der Aufführung von Mozart's „Don Juan", in Anwesenheit Seiner Majestät des Kaisers Wilhelm.
Oppel, Dr. phil. Carl, Archäolog, Lehrer an der Musterschule, emerit., geb. 9. August 1816.
„ Dr. phil. Johann Joseph, Professor am Gymnasium, Emeritus, geb. 23. Mai 1815.
Orden der verrückten Hofräthe, gegründet 1809, durch Dr. med. Johann Christian Ehrmann (geb. 1749, gest. 1827).
Ordenscapitel der Künstler, fand am 11. December 1880 in der Rosenau statt.
Orkan, starker, wüthete Sonntag 18. Juli 1841, Nachmittags. welcher im Wald und Feld, sowie an Häusern und Schiffen, grossen Schaden anrichtete.
„ starker, wüthete auf den Tag der Höchster Kirchweihe, 18. Juli 1852.
„ furchtbarer, wüthete vor Beginn des ersten deutschen Schützenfestes, 6. Juli 1862, welcher die Festhalle bedrohte und Menschenleben kostete.
Orpheus, Gesangverein, gegründet 8. Februar 1838, löste sich 1853 auf.
Orth'sches Waisen-Institut, gegründet 1768 durch Dr. jur. Johann Philipp Orth (geb. 1698, gest. 1783).
Ortschaften, Frankfurter, revidirtes Gesetz über das directe Steuerwesen auf denselben vom 14. August 1832.
Osnabrück- und Münsterscher Friedensschluss, hierwegen wurde am 4. August 1649 dahier ein grosses Dankfest abgehalten.
Ostendschule, eröffnet 3. Mai 1875.
Ostermesse zu halten, erhielt die Stadt am 23. April 1330 von Ludwig V. das Recht.

Paldamus, Dr phil. Friedrich Christian, Director der höheren Bürgerschule, geb. 28. Juli 1823 zu Dresden, gest. 5. December 1873.
Palmengarten, angelegt 1869/1871.
„ -Haus, brannte am 10. August 1879 ab.
„ „ wurde neu erbaut 1879.
Palmsonntag-Stiftung, gegründet durch den Geh. Regierungsrath Wilhelm Albrecht zu Rothenburg a d. T. (gest. 21. December 1868).
Palmstrasse, benannt nach dem durch Napoleon I. erschossenen Buchhändler Johann Philipp Palm (geb. 1766, erschossen 26. August 1806).
Pariser Hof, siehe Bock, schwarzer.
Passavant, Dr. med. Johann Carl, Arzt und philosophischer Schriftsteller, geb. 22. April 1790, gest. 14. April 1857.
„ Johann David, Kunstmaler und Inspector des Städel'schen Kunst-Instituts, geb. 18. September 1787, gest. 12. August 1861.
v. Patow, Erasmus Robert, Freiherr, übernahm am 19. August 1866 als Civilgouverneur die Leitung der städtischen Verhältnisse.
Patriotischer Verein, organisirt 7. Juli 1849.
Paulskirche, wurde zu bauen angefangen 1789, 1833 vollendet und am 9. Juni e. a. eingeweiht.
„ Eröffnung der deutschen National-Versammlung in derselben 18. Mai 1848.
„ wurde dem Gottesdienste wieder übergeben 24. October 1852.
„ siehe auch Barfüsserkirche.
Peroux, Joseph Nicolaus, Kunstmaler, geb. 26. Juni 1771 zu Ludwigsburg, gest. 12. Jan. 1849.
Pestalozzistrasse, benannt nach dem Pädagogen Johann Heinrich Pestalozzi (geb. 12. Januar 1746, gest. 17. Februar 1827).
Pestalozzi-Verein, gegründet 12. Januar 1846 bei Gelegenheit der 100jährigen Geburtsfeier Pestalozzi's.
Pesth, für die durch Wassernoth Betroffenen daselbst war am 15. April 1838 die grosse Musikaufführung (Haydn's Schöpfung) in der Catharinenkirche, unter Mitwirkung der Henriette Sonntag.
Pestilenzhaus, wurde 1669 auf dem Klapperfeld erbaut.
Peterskirche, welche früher eine von Gehölz umgebene Betkapelle war, wurde 1417 durch Johann Ockstädt und Jacob Humbracht erbaut und 1452 geweiht.
Peterskirchhof, eröffnet 1452, geschlossen 30. Juni 1828.
Petersschule, siehe Bürgerschule, mittlere.
Petersthor, eröffnet 17. September 1861.
Pfandamt, trat in's Leben 20. Januar 1739.
Pfarreisen, auf demselben wurden 1574 14 Buden für Hutmacher und Häfner errichtet.
„ die Läden auf demselben wurden 1839 entfernt.
Pfarrthurm, zu demselben wurde am 6. Juni 1415 der Grundstein gelegt und nach 94 Jahren, 1509, vollendet.
„ in denselben schlug der Blitz am 10. Juni 1815.

Pfarrthurm, die sogenannte Reichslaterne auf der Kuppel desselben, welche sich seit 1848 auf demselben befand, ging bei dem Brande am 15. August 1867 zu Grunde.
„ die alte Kuppel auf demselben wurde am 30. April 1871 abgetragen.
„ am 6. October 1877 wurde unter entsprechender Feierlichkeit auf demselben durch Baurath und Dombaumeister Franz Joseph Denzinger die Kreuzblume aufgesetzt.
„ siehe auch Carolusglocke, Glocken und Dombrand.
Pfeifergericht, welches seit dem 13. Jahrhundert bestand, fand das letzte am 6. September 1802 statt.
Pfeiffer, Dr. jur. Georg Wilhelm, emerit. Polizeigerichts-Assessor, Verfasser verschiedener Schriften über Frankfurt, geb. 21. Dec. 1795, gest. 30. April 1871.
„ Johann Philipp, Pfarrer, berufen 1816, emeritirt 1857, geb. 19. August 1785, gest. 6. März 1868.
Pferdemarkt, der erste, abgehalten 7. April 1862.
Pferdetränke (Wäde), wurde 1465 auf dem Rossmarkt gegraben.
Pforr, Franz, Kunstmaler, geb. 7. April 1788 dahier, gest. 16. Juni 1812.
„ Johann Georg, Kunstmaler, geb. 4. Januar 1745 zu Ulfen, Niedersachsen, gest. 9. Juni 1798.
Philanthropin, (jetzige israelitische Real- und Volksschule), gegründet 1804 von Siegmund Geisenheimer (s. d.)
Philharmonischer Verein, siehe Instrumentalmusik-Verein.
Phönix, deutscher, Versicherungs-Gesellschaft, gegründet 20. Mai 1845.
Physikalischer Verein, gegründet 24. November 1824.
Pichler, Ernst Oscar Wänibald, Architect, geb. 17. September 1826, gest. 31. Mai 1865.
Polizei-Section, städtische, wurde am 12. August 1875 aus dem Römer nach der Neuen Kräme 5 verlegt.
Polytechnische Gesellschaft, gegründet 1816.
„ deren Schulen gingen am 1. April 1875 an die Stadt über.
v. **Poppe**, Dr. phil. Johann Heinrich Moritz, Professor am Gymnasium, später Professor der Technologie zu Tübingen, geb. 16. Jan. 1776 zu Göttingen, gest. 21. Februar 1854 zu Tübingen.
Pose, Wilhelm Eduard, Kunstmaler, geb. 9. Juli 1812, gest. 14. März 1878.
Post, fürstlich Thurn- und Taxis'sche, ging am 1. Juli 1867, Nachts 12 Uhr, an Preussen über.
Prediger-(Dominikaner)-Kloster, wurde 1238 zu bauen angefangen.
Prediger-Wittwenkasse, gegründet 1714.
Prestel, Christian Erdmann Gottlieb, Kupferätzer und Kunsthändler, geb. 12. August 1773 zu Nürnberg, gest. 1. April 1830.
„ Johann Gottlieb, Kunstmaler und Kupferstecher, geb. 18. Nov. 1839 zu Grünebach a. d. Iller, gest. 5. October 1808.
Pressfreiheit, Verkündigung derselben durch die Bundes-Versammlung, 3. März 1848.
Primas, Fürst, Besitzergreifung von Frankfurt durch denselben, 6. Sept. 1806.

Primas, Fürst, demselben wurde als Grossherzog von Frankfurt gehuldigt 2. Januar 1807.
„ siehe auch Dalberg.
Privat-Elementarschule, katholische, im Thurn- und Taxis'schen Palais, gegründet 1871.
Proclamation des Senats an die Bürgerschaft von Stadt und Land vom 15. Juli 1866, treu zu dem Bunde zu stehen.
Promenaden, Einfriedigung mit gusseisernen Röhren, ausgeführt 1876.
Providentia, Versicherungs-Gesellschaft, concessionirt 4. November 1866.
Pulver-Explosion im Uhlhorn'schen Hause am Hermesweg (jetzt Bergerstrasse) am 24. September 1856.
„ im Schunck'schen Hause, Kleine Eschenheimergasse 21, am 15. October 1857.
Pulvermühle an dem ehemaligen Schneidwall, brannte 22. April 1612 ab.
„ auf dem Main an dem Wehr, gerieth 16. November 1633 in Brand und richtete grossen Schaden an.
Puppenhaus, das der Gontard'schen Familie, welches eine Zierde unseres historischen Museums bildet, kam um das Jahr 1748 an Frau Susanna Maria d'Orville dahier; dasselbe erlebte viele Traditionen in den Familien Gontard, Schönemann, Manskopf etc. Geschenk der Familie Jügel.
Puppenschränkchen, altes, in der Weissadlergasse 29, wurde 1860 abgerissen.
Purmann, Dr. phil. Johann Georg, Rector und Professor am Gymnasium, Jubilar, geb. 1. Januar 1733 zu Königsberg (Franken), gest. 11. December 1813.
Quartier-Vorstände (Eintheilung der Stadt in Quartiere), entstanden 25. October 1614.
„ Auflösung derselben am 1. Juni 1866.
„ siehe auch Rudolph.
Quellwasser-Leitung, siehe Vogelsberger Wasserleitung.
Radl, Anton, Kupferstecher und Landschaftsmaler, geb. 16. April 1774 zu Wien, gest. 4. März 1852.
Rahmhof, wurde 1667 erbaut und erhielt seinen Namen von den Wollenwebern, welche dort ihre Tuchrahmen hatten.
„ welchen die französische Artillerie inne hatte, entstand am 12. Jan. 1761 eine grosse Feuersbrunst.
Rambach, Dr. phil. Johann Theodor Franz, Conrector und Professor am Gymnasium, geb. 1733 zu Giessen, gest. 11. Juni 1808.
Rau, Heribert Marquard Philipp Joseph, Schriftsteller und Pfarrer der freireligiösen Gemeinde zu Offenbach, geb. 11. Februar 1813, gest. 26. September 1876.
Rauch, Johann Carl, Major des Bataillons freiwilliger Stadtwehr-Infanterie, gest. 13. April 1871, 78 Jahre alt.
Ravenstein, Friedrich August, Gründer der ersten Turngemeinde dahier und gewesener Turnlehrer, geb. 4. December 1809.
Real- und Volksschule, israelitische, früher Philanthropin, gegründet 1804 von Siegmund Geisenheimer (s. d.)

Rechneigraben, wurde bei Abtragung der Festungswerke (1806—1813) angelegt.
„ Durchbruch an demselben nach der Promenade wurde fertig im Oct. 1865.
Rechneischeine (erstes Papiergeld in Frankfurt), wurden durch Gesetz vom 25. Februar 1826 eingeführt.
Reformationsfeier, 300jährige, fand am 31. October 1817 statt.
Reformirte, erhielten 1787 die Erlaubniss, Bethäuser (ohne Thürme) bauen zu dürfen.
Reformirte Gemeinde, Deutsch-, hielt am 10. Februar 1788 dahier ihren ersten Gottesdienst, nachdem sie solchen 200 Jahre lang in Bockenheim gehalten hatte.
Reformirte Gemeinden, beiden wurden durch Erlass des Grossherzogs vom 25. December 1806 neue Rechte gewährt.
Reformvereine, Generalversammlung derselben im Saalbau, 28./29. Oct. 1862.
Reges, Johann Andreas Benjamin, Lehrer der Zeichnenkunst am Gymnasium, geb. 31. Januar 1772, gest. 18. Januar 1847.
Rehbock, Johann Thomas, Consistorialrath und Pfarrer, berufen 1811, emerit. 1851, geb. 27. Juli 1782, gest. 13. December 1861.
Reichs-Deputations-Recess, Unterzeichnung desselben zu Regensburg am 25. Februar 1803, worin bei der Mediatisirung fast aller Reichsstädte Deutschlands, Frankfurts reichsstädtische Freiheit erhalten und von Napoleon mit garantirt wurde.
Reichslaterne, sog. auf der Kuppel des Pfarrthurms, welche 1848 angebracht wurde, fand ihre Zerstörung bei dem Brande des Thurmes am 15. August 1867.
Reichstag, wurde dahier 1397 gehalten, wobei 32 Herzoge und Fürsten, 150 Grafen, 1300 Ritter, 3700 Edelknechte und 450 Doctoren und Geistliche anwesend waren. Der Markgraf von Meissen kam mit 1200, der Landgraf von Hessen mit 500 Pferden hier an.
Reichsverweser, zum deutschen, wurde am 29. Juni 1848 erwählt Johann, Erzherzog von Oestreich (geb. 20. Jan. 1782, gest. 11. Mai 1859).
„ Einzug desselben am 11. Juli 1848.
Reichswald, wurde 1372 von der Stadt erworben.
Reiffenstein, Carl Theodor, Kunstmaler, geb. 12. Januar 1820.
Reimherr, Carl Wilhelm Christian, Lieutenant des Linienmilitärs, wurde, 26 Jahre alt, 23. April 1817 oberhalb des Hainerwegs im Walde von einem russischen Officier im Duell erschossen.
„ Peter Gottfried Wilhelm, pensionirter Major des Linienmilitärs und Chef des ersten Bataillons freiwilliger Stadtwehr-Infanterie, geb. 25. Juni 1793, gest. 15. Februar 1843.
Rein, Dr. phil. Johann Justus, gewesener Lehrer an der höheren Gewerb- und Musterschule, Reisender in Japan, jetzt Professor zu Marburg, geb. 27. Januar 1835 zu Mainzlar (Oberhessen).
Reineckstrasse, benannt nach der Familie v. Reineck, auf deren früheres Besitzthum (Haus und Garten) die jetzige Markthalle erbaut wurde. Letzter Sprosse der Familie war Adalbertus v. Reineck (geb. 25. October 1749, gest. 19. Juni 1822).

Reinermann, Friedrich Christian, Maler und Kupferätzer, geb. 1764 zu Wetzlar, gest. 1834.
Reinganum, Dr. jur. Maximilian, geb. 31. December 1798, gest. 22. Juni 1878.
Reinhardt, Dr. phil. Carl, Oberlehrer am Gymnasium, geb. 12. Juli 1849 zu Puderbach, Regbz. Coblenz.
Reinheimer, Johann Georg, Kupferstecher und Kunsthändler, geb. 2. März 1777, gest. 13. Juni 1820.
Religionsfrieden, ein Dankfest wegen des vor 100 Jahren abgeschlossenen, wurde am 23. October 1655 dahier abgehalten.
Rennen, siehe Wettrennen.
Rennplatz am Forsthaus, eröffnet 20. August 1865.
Rententhurm, wurde 1403 erbaut.
Reuss, Johann Conrad, Obrist und Commandant der Stadt- und Landwehr, gest. 16. April 1862, 71 Jahre alt.
Reuter, plattdütscher Club, gegründet 1876.
Rheinbund, gegründet 12. Juli 1806.
Rheinbundacte, unterzeichnet von 16 deutschen Fürsten zu Paris 17. Juli 1806, wodurch Frankfurt seine reichsunmittelbare Stellung verlor.
Riederhöfe, brannten 11. November 1823 ab.
Riese, Dr. phil. Friedrich Alexander, Oberlehrer und Professor am Gymnasium, geb. 2. Juni 1840.
Riesen, brannte 26. November 1803 ab.
Riesser-Stiftung für Studirende israelitischen Glaubens, gegründet 1870
Rinder, drei, Haus in Sachsenhausen, brannte 25. Juli 1827 ab.
Ringrennen, fand, von Kaiser Maximilian II. veranstaltet, am 1. December 1562 auf dem Rossmarkte statt.
Rinz, Sebastian, Stadtgärtner, geb. 11. Januar 1782, gest. 8. April 1861.
Ritter, Dr. phil. Carl, Professor, Erzieher im Bethmann-Hollweg'schen Hause dahier von 1798-1811 und Lehrer am Gymnasium von 1819—1820; geb. 7. August 1779 zu Quedlinburg, gest. 28. September 1859 zu Berlin.
Ritterschiessen, grosses, gab Fürst Primas am 21. Mai 1807 auf dem Forsthause.
Ritterspiel, fand gelegentlich der Kaiserwahl (Leopold I.) am 30. Juni 1658 auf dem Rossmarkte statt.
Robert, Eugène, Pfarrer der französisch-reformirten Gemeinde, geb. 22. October 1843 zu Chaux de Fonds.
Rochau, August Ludwig, Stud. jur. aus Wolfenbüttel, bei dem Aufstande am 3. April 1833 betheiligt und zu lebenslänglicher Zuchthausstrafe verurtheilt, ging am 20. October 1836 mit dem Gefangenenwärter Joh. Adam Weimer aus Orb vom Rententhurm flüchtig.
Rochushospital, ein solches wurde als Hospital für Unreine 1804 auf der Breitegasse errichtet, nachdem der Gutleuthof, woselbst die Aussätzigen seit ein paar Jahrhunderte untergebracht waren, 1801 abbrannte.
„ in Sachsenhausen eröffnet 1845.

Röder, Georg Daniel, Professor am Gymnasium, geb. 23. October 1804, emerit. 1848.

v. **Röder**, preussischer General, wurde Stadtcommandant 21. Juli 1866.

Rödiger, Dr. phil. Georg Ludwig Conrad, Prorector und Professor am Gymnasium, geb. 3. April 1798 zu Neunkirchen, Pfalz, gest. 14. Januar 1866.

Römer, wurde durch den Rath von der Familie Köllner 1405 erkauft.

Römer, Dr. jur. Benedict Jacob, Verfasser einiger Schriften über Frankfurt, geb. 5. Mai 1792, gest. 28. April 1863.

Ronge, Johannes, Einzug in Frankfurt 4. October 1845 (geb. 16. Oct. 1813 zu Bischofswalde, Schlesien).

Roos, Johann Heinrich, Kunstmaler, geb. 27. October 1631 zu Ottersberg, Pfalz, gest. 20. October 1685 bei einer Feuersbrunst auf der Zeil.

„ Johann Melchior, Thiermaler, geb. 1659, gest. 1731.

„ Philipp Peter, Thiermaler, geb. 1651, gest. 1705.

„ Philipp Heinrich, Pfarrer, berufen 1851, geb. 7. Juli 1816, gest. 20. Januar 1880.

Rosenbach'scher Garten (früher v. Leonhardi'sches, jetzt v. Erlanger'sches Besitzthum) vor dem Eschenheimerthor, wurde als Vergnügungslocal eröffnet 1825.

Rosenberger Einigung, stiftete 1452 Anna Rosenberger als Nonnenkloster, jetzt Rosenbergerschule, welche 1864 von der Klostergasse nach der Altgasse verlegt wurde.

Roth, Dr. phil. et jur. Georg Michael, Prorector und Professor am Gymnasium sowie Stadtbibliothekar, geb. 19. Februar 1769, gest. 3. Januar 1817.

Rothenburger, Johann Friedrich, Major des ersten Bataillons der Stadtwehr-Infanterie, gest. 22. Februar 1866, 74 Jahre alt.

Rother Hamm, die an demselben gestandene Capelle brannte 18. Oct. 1837 bis auf den Grund ab.

Rothes Haus auf der Zeil (das jetzige Postgebäude), wurde 1631 von Johann Forsch erbaut.

Rothschild, Mayer Amschel, der Gründer des jetzigen Hauses M. A. v. Rothschild & Söhne, geb. 1743, gest. 19. September 1812. (Dessen Ehefrau Gutle geb. Schnapper, gest. 7. Mai 1849, 96 Jahre alt.)

v. **Rothschild**, Amschel Mayer (ältester Sohn des Vorstehenden), geb. 12. Juni 1773, gest. 6. December 1855.

„ Mayer Carl, Chef des Hauses, geb. 5. August 1820.

„ Wilhelm Carl, Chef des Hauses, geb. 16. Mai 1828.

v. Rothschild'sche, Georgine Sarah, Stiftung, für erkrankte fremde Israeliten, wurde im Januar 1870 gegründet und befindet sich seit 1. October 1878 auf dem Röderbergweg.

Rotteckstrasse, benannt nach dem Staatsmanne Carl v. Rotteck (geb. 18. Juli 1775, gest. 26. November 1840).

Rubner, Carl Julius Gustav Apollonius, Stud. med. aus Wunsiedel, welcher sich am 2. Mai 1834 mit vier Anderen von der Constablerwache herunterliess. starb in Folge eines Bajonetstiches am 3. Mai, 22. Jahre alt.

Rücker'sches Siechenhaus. eröffnet 23. October 1877 (gestiftet von Frau Christiane Emilie Rücker, geb. Finger (geb. 16. Juni 1820).

Rückertstrasse, benannt nach dem Dichter Friedrich Rückert (geb. 16. Mai 1789, gest. 31. Januar 1866).

Rückversicherungs-Gesellschaft, concessionirt 25. Juli 1857.

Ruderverein. Frankfurter. gegründet 1865.

Rudolph von Habsburg, wurde, nach 17jährigem Interregnum, ~~1793~~ zum Kaiser erwählt.

Rudolph, Ignatz, Schneidermeister, starb als der letzte der 1614 entstandenen Quartier-Vorstände (Bürger-Kapitaine) am 19. Mai 1878, 77 Jahre alt.

Rühl'scher Gesangverein, gegründet von Friedrich Wilhelm Rühl (geb. 7. Febr. 1817, gest. 5. November 1874).

Rumpf, Anton Carl. Bildhauer, geb. 24. März 1838.

„ Dr. phil. Jacob Heinrich Samuel, Professor am Gymnasium. emerit., geb. 26. December 1813 zu Giessen.

Rüppell, Dr. med. Wilhelm Peter Eduard Simon, der bekannte Reisende, geb. 20. November 1794.

Rupprecht von der Pfalz, zum Römischen König erwählt 1400.

Russischer Hof, erbaut auf dem Platze des ehemaligen Viehhofs 1780 von Franz v. Schweitzer.

Saalbau, eröffnet durch den Cäcilien- und Rühl'schen Verein mit der „Schöpfung" von Haydn, am 18. November 1861.

Saalhof (Sala), wurde durch Ludwig den Frommen zu bauen angefangen 814; der neuere Bau wurde 1717 errichtet.

„ wurde von der Familie Bernus 1697 erkauft.

Saalhof-Capelle, erbaut 1208.

Sabath, Edict wegen Entheiligung desselben vom 30. Januar 1739.

Sachs, Hans, dessen Anwesenheit in Frankfurt 1515.

Sachsenhausen wurde 1390 mit einer Mauer umgeben und mit Frankfurt vereinigt.

Sachsenhäuser Barrikade, siehe Linenmilitär.

Salvatorkirche, siehe Bartholomäuskirche.

Sänften (Tragsessel), wurden 5. December 1741 dahier eingeführt.

Sängerbund, gegründet 1845.

Sängerchor des Lehrervereins, gegründet 10. October 1878.

Sängerfest, das grosse, wurde am 29./30. Juli 1838 auf dem Oberforsthause abgehalten.

Sängerkranz, Frankfurter, gegründet 1857.

Sattler, Dr. phil. Eduard Christian, Redacteur der „Postzeitung", geb. 22. Februar 1818 zu Friedberg, gest. 27. März 1865.

Sauerwein, Johann Wilhelm, Verfasser des „Gräf wie er leibt und lebt", geb. 9. Mai 1803, gest. 1. April 1847.

v. Savigny, Friedrich Carl, Rechtsgelehrter und Staatsmann, geb. 21. Februar 1779, gest. 25. October 1861 zu Berlin.

Savignystrasse, nach demselben benannt.

Schadische Stiftung für Stipendien an adelige Söhne des Hauses Limburg, gegründet 19. November 1732 von Anna Sibylle Schad aus Mittel-Biberach.

Schäffer, Daniel, Conrector und Professor am Gymnasium, geb. 12. October 1788 zu Lambsheim, Rheinpfalz, gest. 24. Mai 1842.

„ Eugen Eduard, Professor der Kupferstecherkunst, geb. 30. März 1802, gest. 7. Januar 1871.

Schaffner, Johann Ludwig, Chef der freiwilligen Artillerie, gest. 13. November 1859, 55 Jahre alt.

Schalck, Adam Ernst, Kunstmaler, geb. 8. März 1827, gest. 23. Aug. 1865.

Schanzen, siehe Verschanzung.

Scharff, Dr. jur. Friedrich Adolph, Schriftsteller und Mineralog, geb. 8. November 1812.

Scharfschützen-Corps, errichtet 12. December 1793, Einweihung der Fahne 12. August 1815, feierten ihr 50jähriges Jubiläum am 12. August 1843.

Schauspielhaus, wurde 1780 auf dem Platze erbaut, wo früher das „Weisse Haus" stand und am 2. September 1782 mit dem Schauspiel „Hanno Fürst von Norden" unter Director Grossmann eröffnet.

„ in demselben brach am 17. April 1785 Feuer aus, welches indessen glücklich gelöscht wurde.

„ die Eröffnung des neu restaurirten, fand am 5. November 1855 mit dem Schauspiel „Iphigenie auf Tauris" statt.

„ in demselben entstand ein weiterer Brand am 10. Juli 1878.

Scheel, Johann Daniel, Kunstmaler, geb. 15. März 1773, gest. 28. Januar 1833.

Schelble, Johann Nepomuk, Gründer des Cäcilienvereins, geb. 16. Mai 1789 zu Hüfingen, Baden, gest. 6. August 1837 daselbst. (Dessen Wittwe verheirathete sich am 17. August 1842 mit Johann Georg Conrad v. St. George.)

Schellingstrasse, benannt nach dem Philosophen Friedrich Wilhelm Joseph v. Schelling (geb. 27. Januar 1775, gest. 20. August 1854).

Schiedmanns-Ordnung vom 29. März 1879.

Schierholz, Joh. Georg Friedrich, Kunstmaler, geb. 27. April 1840.

Schiessen, wurde am 4. Oct. 1654 vor dem Bockenheimerthor am Kettenhof abgehalten, welchem vieler Städte Schützen beiwohnten.

Schiller (geb. 10. November 1759, gest. 9. Mai 1805), soll am 28. September 1783 auf seiner Flucht aus Würtemberg in den „Drei Rindern" zu Sachsenhausen gewohnt haben.

Schiller's 100jährige Geburtsfeier fand am 10. November 1859 statt.

. Denkmal (von Dielmann), enthüllt 9. Mai 1864.

v. Schiller, Johann Friedrich Carl, Obrist des Linienmilitärs, geb. 5. April 1773, geadelt von Oestreich 1828, gest. 17. Juli 1837.

Schirnen an der Mauer der Domkirche, brannten am 16. März 1856 ab.
„ siehe auch Schweinemetzgerei.
Schlachthaus-Ordnung, neue, vom 18. November 1875.
Schlägerei, fand am 28. September 1849 zwischen Preussen und Oestreicher und Bayern in der Fahrgasse statt.
„ am 3. Juni 1850 zwischen preussischen Truppen und Soldaten des Linienbataillons.
„ grosse, fand am 24. November 1850 auf der Zeil zwischen Oestreichern, Bayern und Preussen statt.
v. Schlegel, Dorothea, geb. Mendelssohn, früher verehel. Veit, Wittwe Friedrich v. Schlegel's, Tochter Moses Mendelssohn's und die Mutter von Director Philipp Veit, gest. dahier 3. August 1839, 76 Jahre alt.
Schleiermacherstrasse, benannt nach dem Theologen Friedrich Ernst Daniel Schleiermacher (geb. 21. Novbr. 1768, gest. 12. Febr. 1834).
Schlenger, Franz Joseph, Geistl. Rath und Ehrendomherr, Director an der St. Leonhardskirche, geb. 28. April 1808 zu Geisenheim a. Rh.
Schleppschifffahrt, Frankfurter, errichtet 1854.
Schlittenfahrt, grosse nach Rödelheim, fand 2. Februar 1839 statt; auf einem Schlitten, von vier Pferden gezogen, befand sich die Musik des Linienmilitärs.
Schlosser, Dr. phil. Friedrich Christoph, Professor am Gymnasium und Stadtbibliothekar, geb. 17. November 1776 zu Jever, Oldenburg, gest. 23. September 1861 zu Heidelberg.
„ Dr. jur. Johann Friedrich Heinrich, Director des grossh. Lyceums, später Stadtgerichtsrath, geb. 30. September 1780, gest. 22. Januar 1851.
Schmalkalder Bund trat Frankfurt bei 1536.
Schmidborn'sches Siechenhaus (gestiftet von Frau Laura Leydhecker, verehel. gew. Schmidborn geb. Remy), eröffnet 16. Juni 1877.
Schmidt, Dr. phil. Wilhelm Heinrich Hieronymus Dietrich, Professor am Gymnasium, geb. 27. Juli 1814, gest. 18. Mai 1873.
„ Dr. med. vet. Maximilian, Director des Zoologischen Gartens, geb. 19. October 1834.
Schmitt, Dr. phil. Aloys, Tonkünstler, geb. 26. August 1788, gest. 25. Juli 1866.
Schneefall, ungemein starker, am 31. Januar 1861.
Schneidwall, ehemaliger, wurde im Juli 1818 abgetragen.
Schnyder von Wartensee, Xaver, Componist aus Luzern, gest. 27. August 1868, 83 Jahre alt.
Scholderer, Dr. phil. Emil, Director der Adlerflychtschule, geb. 13. September 1831.
Scholl, Wilhelm Ludwig, Professor am Gymnasium, geb. 13. Mai 1805, gest. 9. Mai 1858.
Schopenhauer, Dr. phil. Arthur, Philosoph, geb. 22. Februar 1788 zu Berlin, gest. 21. September 1860.
Schopenhauerstrasse, benannt nach demselben.

Schrader, Johann Heinrich Ludolph, Consistorialrath und Pfarrer der evangelisch-reformirten Gemeinde, geb. 12. Juli 1800 zu Ribbesbüttel (Hannover), gest. 11. Januar 1875.

Schubertstrasse, benannt nach dem Componisten Franz Schubert (geb. 31. Januar 1797, gest. 19. November 1828).

Schuler'sches Quartett, gegründet 1865 von Musiklehrer Georg Schuler aus Landstuhl, Pfalz (geb. 28. Jan. 1838, gest. 21. Febr. 1880).

Schultheiss, erster von Frankfurt (Wolframus), 1189.

Schulze, Carl Maximilian, 72 Jahre alt, wurde am 8. Januar 1846 in dem Hause Zeil 71 ermordet.

Schuster, Dr. phil. Isaac Nicolaus, Redacteur der „Postzeitung", geb. 21. Februar 1799, gest. 20. Mai 1850.

Schütz, Christian Georg, Landschaftsmaler, geb. 27. September 1718 zu Flörsheim a. M., gest. 3. November 1791.

„ Christian Georg (Vetter des Vorigen), Landschaftsmaler, geb. 1758 zu Flörsheim a. M., gest. 10. April 1823.

„ Dr. phil. Harald, Oberlehrer am Gymnasium, geb. 27. Dec. 1840 zu Bielefeld.

Schützenfest, erstes deutsches, fand am 13./22. Juli 1862 hier statt.

Schützenhaus vor dem Allerheiligenthor (jetzt Uhlandschule), durch Philipp Heinrich Gaule 1832 eröffnet.

„ auf demselben fand am 1. Juli 1832 ein grosses Haupt- und Ritterschiessen statt.

Schützenverein, Frankfurter, constituirt 6. October 1860.

Schwanthalerstrasse, benannt nach dem Bildhauer Ludwig Michael v. Schwanthaler, Ehrenbürger von Frankfurt (geb. 26. August 1802, gest. 28. November 1848).

Schwarz-roth-goldne Farbe, wurde von der Bundesversammlung am 9. März 1848, als Farbe des ehemaligen Reichspaniers, für die Farbe des deutschen Reichs erklärt.

Schwarzschild, Dr. med. Heinrich, geb. 27. Februar 1803, gest. 7. April 1878.

„ Sigismund, wurde am 26. Februar 1853, 31 Jahre alt, in der Fahrgasse 88 ermordet.

Schweinemetzgerei, Eröffnung der ersten in der Stadt 8. September 1859 durch Balthasar Hartmann, Allerheiligengasse 61.

„ Eröffnung der ersten in Sachsenhausen 25. November 1860 durch Fritz Glock, Brückenstrasse 13.

Schwenck, Dr. phil. Johann Conrad, Conrector und Professor am Gymnasium, geb. 21. October 1793 zu Lich, gest. 14. Februar 1864.

Schwindstrasse, benannt nach dem Maler Moritz v. Schwind (geb. 21. Januar 1804, gest. 8. Februar 1871).

Schwurgerichte, traten dahier in Gesetzeskraft 1. Januar 1857.

Schwurgerichts-Sitzung, erste, fand am 29. Juni 1857 statt. (Verhandlung gegen den Barbiergehülfen Michael Keller aus Burggrumbach, welcher den Schlossermeister Weichand am 10. Juli 1853 ermordete.)

Seehof-Anlage, wurde beendigt 1867.
Selbstständigkeit Frankfurts, Bekanntmachung des Senats vom 20. Juni 1815, die wiederholte Bestätigung derselben als freie Stadt durch die verbündeten Mächte betreffend.
Selectenschule, gegründet 1816, zeitgemäss verbessert 1820, und aus dem Dominikanerkloster in das neue Schulhaus am Schärfengässchen verlegt 1828.
Sell, Ludwig August, Pfarrer zu Niederursel, berufen 1836, geb. 19. Februar 1808.
Selz, Treffen bei, zwischen Frankfurter Truppen und Franzosen am 26. Juni 1815.
„ Feier des 25jährigen Gedenktages desselben 26. Juni 1840 im Landsberg.
Senat, letzte Sitzung desselben vor Einverleibung der Stadt in das Grossherzogthum am 19. August 1806. Merkwürdiges und ehrenvolles Publikandum desselben, als Napoleon allen seinen und der französischen Regierung früheren Verheissungen zuwider, die Stadt ihrer Selbstständigkeit beraubte.
Senatssitzung, erste, nach Auflösung des Grossherzogthums, fand am 31. December 1813 statt.
„ letzte am 27. Februar 1868.
„ siehe auch Magistrat.
Senckenberg, Dr. med. Johann Christian, Gründer der gleichnamigen Stiftung, geb. 28. Februar 1707, gest. 15. November 1772.
„ -Denkmal in der Promenade, aufgestellt 14. April 1864.
„ -Strasse, benannt nach demselben.
Senckenberg'sche, Dr., Stiftung, gegründet 18. August 1763.
„ die 100jährige Feier des Bestehens derselben fand am 8. Oct. 1863 im Kaisersaal statt. (Dieselbe wurde wegen des Fürstencongresses statt des 18. August auf diesen Tag verlegt.)
„ siehe auch Bürgerhospital.
Senckenberg'sche naturforschende Gesellschaft, gegründet 22. Nov. 1817, eröffnet 22. November 1821.
Seumestrasse, benannt nach dem Dichter Johann Gottfried Seume, geb. 29. Januar 1763, gest. 13. Juni 1810.
v. Seydewitz, Otto Rudolph Hans, Pfarrer, berufen 1875, geb. 18. April 1849 zu Lauterbach (Sachsen).
Sigmund, König von Ungarn, wurde am 28. September 1410 unter freiem Himmel auf dem St. Bartholomäi-Kirchhof zum Römischen König erwählt. Am 1. October wurde von der anderen Seite Jobst, Markgraf von Mähren erwählt, welcher am 19. Jan. 1411 starb, worauf einstimmig Sigmund am 21. Juni e. a. wiederholt gewählt wurde.
Sodener Eisenbahn, wurde am 22. Mai 1847 eröffnet und war bis 1859 in Betrieb; von da an blieben die Fahrten eingestellt und wurde dieselbe am 30. August 1863 zum ersten Male wieder befahren.

Soldaten, zwei Frankfurter (Geist und Cons.), sollten am 16. April 1814 vor dem Bockenheimerthor erschossen werden, wurden aber durch den Fürsten von Reuss-Greitz (geb. 1747, gest. 1817) begnadigt.
„ siehe auch Bundestruppen und Schlägerei.
v. Sömmerring, Samuel Thomas, Erfinder des electrischen Telegraphen, geb. 28. Januar 1755 zu Thorn (Preussen), gest. 2. März 1830.
„ dessen 50jähriges Doctorjubiläum wurde am 7. April 1828 gefeiert.
Sömmerringstrasse, benannt nach demselben.
Sondershausen'sche Stiftung, gegründet 10. Juli 1774 von Maria Anna v. Sondershausen (geb. 22. Nov. 1710, gest. 9. Nov. 1796), trat in's Leben 1797.
Sonntagsschule für Handwerkslehrlinge im Schreiben, Rechnen und Zeichnen, gegründet im November 1817.
Souchay, Dr. jur. Eduard Franz, Schöff und Senator, geb. 16. Dec. 1800, gest. 1. Juli 1872.
Souchayschule, eröffnet Ostern 1876.
Souchaystrasse, benannt nach dem Obigen.
Spanien. Abmarsch des Linienbataillons dahin 26. August 1808.
Sparkasse, begann ihre Thätigkeit 1. Juli 1822.
Specialschule, medicinisch-chirurgische, eröffnet 9. November 1812 durch den Director derselben, Geheimerath Dr. Carl Wenzel (geb. 25. April 1769 zu Mainz, gest. 19. October 1827), geschlossen Ende 1813.
Spener, Dr. theol. Philipp Jacob, Prediger und Senior Ministerii, geb. 13. Jan. 1635 zu Rappoltsweiler (Elsass), gest. 5. Febr. 1705 zu Berlin.
Speyer, Carl Wilhelm Wolfgang, Componist, geb. 20. Juni 1790, gest. 5. April 1878.
Spiele, siehe Hazardspiele.
Spohrstrasse, benannt nach dem Componisten Ludwig Spohr, Opern- und Musikdirector dahier von 1817—1819 (geb. 5. April 1784 zu Braunschweig, gest. 22. October 1859 zu Cassel).
Springbrunnen auf dem Liebfrauenberg, errichtet 1610.
Staatskalender, erschien der erste 1734, der letzte 1866.
Städel, Joh. Friedrich, Gründer des Kunstinstituts, geb. 1. November 1728, gest. 2. December 1816.
Städel'sches Kunstinstitut, gegründet 15. März 1815.
„ eröffnet auf dem Rossmarkt (18) in des Stifters Haus 1817, eröffnet auf der Neuen Mainzerstrasse (35) 15. März 1833. Eröffnung des neuen in Sachsenhausen am 14. August 1878.
Stadt, die, wurde unter Otto III. 1001 für frei erklärt und unter die vornehmsten Städte des Reiches gezählt.
„ wird Frankfurt zum ersten Male (civitas) genannt. Erste Urkunde, von der Stadtbehörde ausgestellt.
Stadtallee (der jetzige Goetheplatz), wurde 1712 angelegt.
Stadtbibliothek, Grundsteinlegung am 18. October 1820 und Eröffnung am 16. August 1825.

Städte-Bund, errichtet 1381, erneuert 1384.

Stadterweiterung, erste, unter Ludwig dem Deutschen 840—876 bis zur Catharinen- und Bornheimerpforte.

" zweite, unter Ludwig dem Bayer 1333, wobei die Stadt mit Mauern und Gräben versehen wurde.

Stadtgerechtigkeit, gewährte Frankfurt Ludwig der Fromme 838.

Stadtgericht, das, wurde am 27. Juli 1847 provisorisch in das v. Reineck'sche Haus in der Hasengasse verlegt.

Stadtgraben, 12 Schuh tief, wurde bei der zweiten Stadterweiterung 1333 hergestellt und bei der Abtragung der Festungswerke 1806—1813 entfernt.

Stadtmauer in Sachsenhausen wurde 1491 erbaut.

Stadtreformation, erster Druck und öffentliche Bekanntmachung des unter diesem Namen umgeformten alten statutarischen Rechts, 1509.

" Publikation der erneuerten, 7. September 1578.

" " der verbesserten und vermehrten von 1578 im Jahre 1611 (letzte Revision).

Stadtverordneten-Versammlung, Eröffnung derselben am 25. Sept. 1867 durch Schöff Dr. Samuel Gottlieb Müller. Alterspräsident Dr. jur. Maximilian Reinganum.

Stadtwehr, letztes Ausrücken derselben auf den Paulsplatz etc. 24. Sept. 1848.

Steffan'sche, Dr., Armen-Augenklinik, gegründet von Dr. med. Philipp Jacob Steffan (geb. 10. Februar 1838).

Steg, eiserner, erbaut 1868/1869 durch Jngenieur Johann Peter Wilhelm Schmick.

Stein, Alexander, Pfarrer, berufen 1812, geb. 10. März 1789, gest. 26. Januar 1833.

" Dr. phil. Leopold, Prediger und Rabbiner, geb. 5. November 1810 zu Burgpreppach (Bayern).

Steinerne Haus, wurde von Hans v. Melem 1464 zu bauen angefangen.

Steingass, Dr. phil. Johann Baptist Joseph Leopold, Professor am Gymnasium, geb. 23. April 1790 zu Mülheim a. Rh., gest. 12. Juli 1854.

v. Steinle, Eduard, Historienmaler, Professor am Städel'schen Kunstinstitut, geb. 2. Juli 1810 zu Wien.

Steltz, Christian Friedrich, Grossherzoglich Frankf. Staatsrath, geb. 10. Mai 1754, gest. 10. September 1817.

" Georg, Grossherzoglich Frankf. Staatsrath, geb. 28. Januar 1756, gest. 21. Juli 1819.

" Dr. theol. Georg Eduard, Pfarrer, Senior Ministerii und Consistorialrath, berufen 1842, geb. 25. Juli 1810, gest. 19. Januar 1879.

" Dr. phil. Georg August, Professor am Gymnasium, emerit., geb. 22. August 1827.

Stelldichein im Tivoli (von Malss), zum ersten Male dahier aufgeführt 9. April 1832.

Stenographen-Verein, Gabelsberger, gegründet 1858.

Stenographisches Institut, gegründet 25. Februar 1862.

Stern, Dr. phil. Salomon, Director der israelitischen Real- und Volksschule, geb. 1812 zu Unruhstadt (Provinz Posen), gest. 9. Mai 1867.
Stern'sche, Siegmund, Waisenstiftung, gegründet 1872.
Stiebel, Dr. med. Salomo Friedrich, Lützow'scher Jäger, geb. 20. April 1792, gest. 20. Mai 1868.
Stiftungs-Ordnung (vom 3. December 1833), neue für die öffentlichen Stiftungen vom 5. October 1875.
Stilgebauer, Lawrence Friedrich Otto, Pfarrer, berufen 1874, geb. 13. Mai 1837.
Stoltze, Friedrich Philipp, Poet und Redacteur der Frankfurter Latern, geb. 21. November 1816.
Stöss, Christian August, Holzmesser, wurde mit seiner Frau am 14. März 1850, Schulstrasse 28, ermordet.
Stotz, Otto Ernst Heinrich Martin, Schauspieler aus Breslau, gest. 15. Januar 1876, 58 Jahre alt.
Strassen-Beleuchtung mit Oellampen (Laternen) wurde eingeführt 1. Jan. 1762.
Stregen v. Glauburg, oestr. Feldmarschall-Lieutenant; dessen Beerdigung in Begleitung eines geharnischten schwarzen Ritters fand am 17. Februar 1854 statt.
Stricker, Dr. med. Wilhelm Friedrich Carl, Schriftsteller, geb. 7. Juni 1816.
Stückschiessen, wurde am 1. Juni 1685 auf dem Fischerfeld abgehalten.
„ der Constabler und Bürger, fand am .10. August 1716 vor dem Allerheiligenthor zu Ehren des oestr. Erzherzogs, Prinzen von Asturien, statt, welches 23 Tage dauerte.
„ weitere fanden 1662, 1665, 1668, 1674 und 1691 statt.
Studenten, fünf von den am 3. April 1833 gefangenen, liessen sich am 2. Mai 1834, nach Durchfeilen der Eisenstäbe, an aus Leinenzeug gefertigten Stricken von der Constablerwache herunter.
„ bei dem Aufstand am 3. April 1833 betheiligt und zu lebenslänglicher Zuchthausstrafe verurtheilt:
    Eduard Friess aus Grünstadt,
    Hermann Friedrich Handschuh aus Niederwerrn,
    Ernst Matthiä aus Grünstadt,
    Wilhelm Obermüller aus Carlsruhe,
    Ignatz Satori aus Würzburg und
    Wilhelm Zebler aus Nürnberg,
gingen am 10. Januar 1837 mit dem Gefangenenaufseher Johann Geiger aus Orb von der Constablerwache flüchtig.
„ siehe auch Lizius, Rochau und Rubner.
Sturm, siehe Orkan.
Sudhoff, Lic. theol. Carl Jacob, Pfarrer der evang.-reformirten Gemeinde, geb. 12. April 1820 zu Kappeln (Rheinpreussen), gest. 30. Septbr. 1865 zu Kreuznach.
Synagoge der israel. Religionsgesellschaft (Altgläubige), eingeweiht 1852.
Tafel, Heinrich, Postbote, Attentat gegen denselben fand am 14. Juli 1879, Bendergasse 26, statt.
Tapeziermeister-Genossenschaft, gegründet 1875.

Taubstummen-Erziehungsanstalt, gegründet 1. November 1827 von Ludwig Christian Kosel.
Taunusclub, gegründet 5. Januar 1868.
Taunus-Eisenbahn, erste Probefahrt auf derselben nach Hattersheim fand am 11. September 1839 statt; eröffnet bis Höchst 26. September; bis Hattersheim 24. November e. a.
„ Eröffnung derselben bis Castel 13. April 1840, bis Wiesbaden 19. Mai, Zweigbahn nach Biebrich 3. August e. a.
„ wurde Staatsbahn 1872.
Taunusthor, wurde für den Verkehr geöffnet 1849.
Teichmann, Carl Philipp Wilhelm, Pfarrer, berufen 1871, geb. 3. Januar 1837 zu Hannover.
Telegraphen-Bureau, das erste (preuss.) dahier errichtet im März 1849.
„ durch bayerische Truppen geschlossen 16. Juni 1866.
Telegraphen-Leitung wurde 24. August 1864 auf den Pfarrthurm geführt.
Telegraphische Verbindung, Herstellung der ersten 1846 auf der Taunusbahn zwischen hier und Mainz.
Teutonia, Gesangverein, gegründet 23. August 1843.
Theater, siehe Opernhaus und Schauspielhaus.
Theater-Pensions-Anstalt, gestiftet 1805.
Theobaldstrasse, benannt nach dem in derselben gelegenen Kinderhospital des Dr. med. Johann Theobald Christ.
Theuerungs- und Missjahr, grosses, 1816/1817.
Thilo, Dr. phil. Ludwig, Professor am Gymnasium, geb. 9. Mai 1789 zu Hanau, gest. 22. Mai 1831.
Thissen, Eugen Johann Theodor Leonhard, Domkapitular, Geistl. Rath und gew. Stadtpfarrer, Päpstl. Geheim-Kämmerer, geb. 31. October 1813 zu Aachen, gest. 27. September 1877 zu Limburg.
Thomas, J. U. L., Johann Gerhard Christian, Schöff und Syndicus, geb. 5. Februar 1785, starb 1. November 1838 im älteren Bürgermeisteramt, welcher Fall seit 1728 nicht mehr vorkam.
„ auf denselben schoss am 26. November 1821 auf dem Markt aus einem Fenster der hiesige Bürgerssohn Carl Ludwig Hahn (gest. 10. September 1856 in der Irrenanstalt Kennenburg, 71 Jahre alt).
Thore, hatte Frankfurt 1468 vier:
 1) am Ende der alten Mainzergasse,
 2) wo die neue Münze steht,
 3) am Garkückenplatz und
 4) in der Fischerfeldstrasse.
Thorpfeiler der verschiedenen Thore, wurden 1864 abgebrochen.
Thorsperrordnung, wurde eingeführt 24. Aug. 1724 und aufgehoben 1. Jan. 1836.
Thurm am Metzgerthor wurde abgebrochen beim Uferbau 1831.
Thurn- und Taxis'sches Palais, in französischem Stile erbaut 1730 durch den italienischen Architecten Dell'Opera.
„ von demselben wurde am 13. August 1852 das seit 1848 aufgepflanzte schwarz-roth-goldne Banner abgenommen; wieder aufgepflanzt 23. Juni 1866, und wieder entfernt 16. Juli 1866.

Tivoli (in der Folge „Neue Anlage" genannt), wurde 1827 an der Hanauer Landstrasse von Georg Fay (Gasthalter zum Wolfseck) eröffnet.

Trambahn, eröffnet vom Schönhof zu Bockenheim bis zur Hauptwache im Mai 1872. Eröffnung der Linie von der Constablerwache nach dem Bahnhofe in Sachsenhausen 15. April 1881.

Trier'sche, Joseph und Clara, Stiftung für bedürftige und unbescholtene Mädchen und Frauen, ohne Unterschied des religiösen Bekenntnisses, gegründet 1876.

Truppen, östreichische und preussische, räumen die Stadt 12. Juni 1866.
" siehe auch Besatzung.

Turnanstalt, eröffnet 1. Mai 1838.
" wurde am 19. April 1841 vom Junghof an das Klapperfeld verlegt.

Turnfest, V. Allgemeines Deutsches, wurde am 25./29. Juli 1880 abgehalten.
" Feuerwerk-Explosion auf dem Festplatze 28. Juli 1880.
" Gedenktafel zur Erinnerung an das V. Allgemeine Deutsche, im Römer errichtet 14. April 1881.

Turgemeinde, erste, gegründet von August Ravenstein 1833.
" Frankfurter, gegründet 1861.
" in Bornheim, gegründet 1860.
" siehe auch Verein für körperliche Ausbildung.

Turn- und Fechtclub, gegründet 10. März 1864, Einweihung der Halle 7. September 1879.

Turngesellschaft, Frankfurter, gegründet im October 1872; erste Constituirung 20. Juni 1848.
" in Sachsenhausen, gegründet 1873.
" Bornheim, gegründet 1879.

Turnhalle, Eröffnung derselben durch ein Wett- und Schauturnen 31. Juli 1847.
" orthopädische Anstalt in derselben, eröffnet von August Ravenstein 18. October 1857.

Turnier, das erste grosse dahier, dessen Erwähnung geschieht, fand 1357 auf dem Römerberg statt.

Turnverein, Frankfurter, gegründet 1862.
" in Sachsenhausen, gegründet 27. April 1858.

Ufer, neues, vom Quai bis an das Geistpförtchen, wurde 1831 gebaut.
" siehe auch Mainufer und Brückenquai.

Uhlandschule, eröffnet 11. August 1873.

Uhlandstrasse, benannt nach dem Dichter Ludwig Uhland (geb. 26. April 1787, gest. 13. November 1862).

Uhren, elektrische, wurden die ersten 1859 in den Strassen der Stadt angebracht.

Uhrwerk, astronomisches (Astrolabium und ewiger Kalender) wurde 1384 für die Domkirche durch den Uhrmacher Hans Schnitzler aus Hagenau[*]) angefertigt, und kostete 140 Goldgulden. (Dasselbe befand sich früher am Haupteingange in der Kirche rechts.)

---

[*]) Nach Gwinner; Lersner nennt irrthümlich „Johann v. Hagenau" und Kirchner „Johann Orglockner von Hagenau".

Ulrich, Christian Friedrich, Schöpfer des von Felsing gestochenen Stadtplans von 1811, geb. 21. December 1765 zu Budissin (Sachsen), gest. 3. Januar 1828.

Untermainbrücke, welche 1. August 1874 dem Verkehre übergeben wurde, ward von Ingenieur Johann Peter Wilhelm Schmick 1872/74 erbaut.

Urschützen-Gesellschaft, gegründet 14. August 1468.

Usener, Dr. jur. Friedrich Philipp, Senator und Syndicus, Verfasser der Ritterburgen etc., geb. 26. November 1773, gest. 11. März 1867.

Varrentrapp, Dr. med. Johann Conrad, gew. Professor an der med.-chirurg. Specialschule, Physicus primarius, geb. 7. August 1779, gest. 11. März 1860.

„ Dr. med. Johann Georg, Geh. Sanitätsrath, geb. 20. März 1809.

Vauxhall, der erste wurde 1777 im „Rothen Haus" (jetziges Postgebäude) eröffnet.

„ hinter der „Rose", wurde 1825 durch Heinrich Justus Pflüger eröffnet.

Veith, Dr. phil. Georg Andreas, Director der Arnsburgerschule, geb. 8. Mai 1841 zu Brensbach, (Grossh. Hessen).

von den Velden'sche, Reinhard, Stiftung für verwahrloste Kinder, gegründet 9. November 1858.

Verbindungsbahn, eröffnet 17. Januar 1859.

Verbündete Heere, Einzug derselben 2. November 1813.

„ Mächte, Erklärung derselben vom 14. December 1813, dass Frankfurt in seine vorige Freiheit und Selbstständigkeit zurücktreten solle.

Verein zur Aussteuerung hiesiger israelitischer Bürgerstöchter, gegründet 1770, erneuert 1827.

„ für ältere deutsche Geschichtskunde, gegründet 1819.

„ zur Beförderung der Handwerke unter den israelitischen Glaubensgenossen, gegründet 1823.

„ zur Holzvertheilung an israelitische Arme, gegründet 1830.

„ zum Wohle der dienenden Klasse, eröffnet 2. December 1835.

„ evangelischer zur Förderung christlicher Erkenntniss und christlichen Lebens, gestiftet 6. October 1837.

„ weiblicher, zur Unterstützung hiesiger Armen mit Brennholz, gegründet 1840.

„ zum Schutze der Thiere, gegründet 18. November 1841.

„ für körperliche Ausbildung trat 1. Mai 1845 in's Leben und erwarb am 1. Juni 1846 als öffentliche Turnanstalt das frühere Besitzthum an der Seilerstrasse. Durch Lösung hiess der Verein später Turngemeinde (1861), Turnverein (1862), dann Turngesellschaft (1872). Der Schluss der Turnanstalt an der Seilerstrasse fand 1862 statt.

„ zum Schutze der Auswanderer, gegründet 1850.

„ für Geschichte und Alterthumskunde, gegründet 1857.

Vereinsbank, Deutsche, gegründet 5. Juli 1871.

Verfassung, neue städtische, wurde durch kaiserl. Resolution vom 14. März 1732 bestätigt.

Verfassung, neue, als organisches Gesetz, trat in's Leben 1. Januar 1857.
- siehe auch Constitutions-Ergänzungs-Acte.

Verschanzung von Frankfurt, Bundesbeschluss vom 4. Juli 1866; Remonstration des Senats hiergegen vom 11. Juli e. a.

Verschönerungs-Verein, gegründet 1855.

Versicherungs-Gesellschaft, Frankfurter, gegründet 5. April 1842, und 1845 mit dem „Phönix" vereinigt als „Deutscher Phönix".

Versorgungs-Anstalt für Israeliten, gegründet 1845.

Versorgungshaus eröffnet 9. März 1817.
- der Bau des neuen wurde 1824 begonnen und 1834 vollendet.
- israelitisches, für altersschwache und gebrechliche Personen, gegründet 1845.

Vogel, Anton Carl, Pfarrer, berufen 1832, geb. 15. September 1799, gest. 26. October 1858.

Vogel v. Falckenstein, General und Commandant der Mainarmee, übernahm am 17. Juli 1866 die Regierungsgewalt Frankfurts. Unterdrückung verschiedener Zeitungen und Verhaftung zweier Senatoren.
- forderte am 18. Juli 1866 300 Reitpferde und eine Löhnung für die Mainarmee von fl. 5,547,008. 45, welche am 19. ausbezahlt wurden.
- siehe auch Mainarmee.

Vogelsberger Wasserleitung, concessionirt 12. Juli 1870; der Betrieb ging an die Stadt über 28. August 1877.

Vogtstrasse, benannt nach dem Senator Nicolaus Vogt (geb. 6. December 1756, gest. 19. Mai 1836).

Völcker, Georg Adolph, Pfarrer, berufen 1862, geb. 3. Februar 1815.

Volger, Dr. phil. Otto Georg Heinrich, Gründer und Obmann des Freien Deutschen Hochstifts, geb. 30. Januar 1822 zu Lüneburg.

Volksschulen, neue protestantische, eröffnet 17. Mai 1824, Weissfrauenschule (gegründet 1813), Catharinen-, Allerheiligen- und Dreikönigsschule.

Volksversammlung in der Reitbahn, am Klapperfeld, 3. März 1848.
- auf der Pfingstweide, 17. September 1848.
- in der Catharinenkirche, 12. April 1849.
- im Circus 20. Mai 1866.

Vollweiler, Georg Jacob, Musiker, geb. 30. November 1770 zu Eppingen (Baden), gest. 17. November 1847 zu Heidelberg.

Vömel, Dr. theol. et phil. Johann Theodor, Rector und Professor am Gymnasium, geb. 9. October 1791 zu Hanau, gest. 8. April 1868.

Vorparlament, eröffnet in der Paulskirche 31. März 1848.

Wachen, wurden zum ersten Male wieder am 30. October 1813 von den Bürgern bezogen.

Wagner, Johann Friedrich, Pfarrer zu Niederrad, berufen 1853, geb. 20. September 1813.
- Johann Philipp, Physiker, bekannt durch seine elektromagnetischen Versuche, geb. 24. Januar 1799 zu Fischbach (Nassau), gest. 8. Januar 1879.

Wagner, Wilhelm Friedrich Christian Jacob, Literat, geb. 16. Mai 1802 zu Idstein, gest. 20. December 1861.

Wahl und Krönung, wurde die erste dahier abgehalten 887 (Arnulph).

Waisenanstalt, israelitische, gegründet 1873.

Waisenhaus (Armen- und), eröffnet 16. September 1679. Das neue (jetzt Klingerschule), wozu am 11. October 1826 der Grundstein gelegt ward, wurde am 19. November 1829 bezogen.
- „ das Dach desselben brannte am 2. December 1865 ab.

Waiseninstitut der Niederländischen Gemeinde, gegründet 22. Juni 1778 durch die Schöffenwittwe Maria Margarethe A n d r e a e geb. Burgk.

Waisenrath, städtischer, errichtet 1. Januar 1876.

Wald, Frankfurter, siehe Reichswald.

Waldfest der verschiedenen politischen Vereine fand am 23. Juni 1850 statt.

Wallgrundstücke, Bedingungen über den Verkauf derselben, erneuert durch Bauamtsbeschluss vom 21. Mai 1832.

Wallschule, eröffnet 1872.

Warte. Galgen-, erbaut 1396.
- „ Rieder-, erbaut 1396.
- „ Bockenheimer, erbaut 1406.
- „ Sachsenhäuser, erbaut 1414; dieselbe liess der Kurfürst von Trier 1416 niederreissen.
- „ Sachsenhäuser, wurde 1470 wieder erbaut und kostete fl. 825; Sachsenhäuser wie Frankfurter mussten dabei Frohndienste thun und wer solches versäumte, verfiel in eine Strafe von 9 Heller. Daselbst wurde 1477 der tiefe Brunnen gegraben.
- „ Friedberger, wurde 1476 erbaut und erlitt, von den Croaten am 6. October 1634 angezündet, eine Zerstörung.

Wasser, grosses, am 22. Juli 1342 (25'). Der Main riss den grössten Theil der steinernen Brücke weg, stürzte den Brückenthurm auf der Sachsenhäuser Seite ein und umfloss ganz Sachsenhausen, so dass die Einwohner sich auf den Mühlberg flüchteten. Im Dom stand das Wasser drei Fuss hoch und ging bis an die Ziegelgasse und den Liebfrauenberg. Nach dieser Zeit entstand die gegenwärtige Brücke, welche, die frühere hölzerne nicht gerechnet, bereits die dritte von Stein erbaute ist.
- „ am 16. Januar 1682 trat der Main aus seinen Ufern, überschwemmte den Römerberg und die Nebengassen, so dass man mit Nachen dahin fahren musste; das Wasser riss den neunten Brückenbogen ein (Höhe 21' 9").
- „ Austritt des Mains am 27. Febr. 1784 und grosse Ueberschwemmung (23' Mainhöhe), bei welcher das Wasser bis zur Schwanapotheke, am Eingang der Neuen Kräme, ging.
- „ am 31. März 1845 erreichte der Main eine Höhe von 22' 6" (6" weniger als 1784).
- „ grosses, am 3. Februar 1862 (19' 6").

Wassergüter-Bestätterei, hörte 6. December 1861 auf.

Weber, Andreas, Stadtgärtner (Enkel von Rinz), geb. 13. März 1832.
" Beda, bischöflicher Commissarius, Geistlicher Rath und Stadtpfarrer, auch Domcapitular zu Limburg, geb. 26. October 1798 zu Lienz (Tyrol), gest. 28. Februar 1858.
" Dr. phil. Wilhelm Ernst, Prorector und Professor am Gymnasium, geb. 14. October 1790 zu Weimar, gest. 26. März 1850 zu Bremen.

Weberstrasse, benannt nach dem Componisten Carl Maria v. Weber (geb. 18. December 1786, gest. 5. Juni 1826).

Wechselrecht, deutsches, eingeführt dahier 27. März 1849.

Wedewer, Dr. phil. Hermann Anton Joseph, Professor und Inspector an der Selectenschule, geb. 14. Juni 1811 zu Coesfeld, gest. 16. April 1871.

Wehner, Anton, Pfarrer, berufen 1843, geb. 28. Januar 1811, gest. 2. December 1878.

Weichand, Johannes, Schlossermeister, 66 Jahre alt, wurde am 10. Juli 1853 durch den Barbiergehülfen Michael Keller aus Burggrumbach, Grosse Eschenheimergasse 13, ermordet.

Weidner, Julius Georg, Schauspieler, geb. 8. November 1779 zu Berlin, gest. Anfangs der 1850er Jahre in der Irrenanstalt zu Bendorf.

Weismann, Dr. phil. Friedrich Heinrich Bernhard, Director der Elisabethenschule, geb. 23. August 1808; emerit. 1881.
" Johann Conrad August, Professor am Gymnasium, geb. 13. Aug. 1804, gest. 24. October 1880.

Weissfrauenkirche, als Capelle des Klosters der Neuerinnen (Barfüsserinnen), geweiht 29. Mai 1142; Wiederherstellung und Umgestaltung derselben 1856/1857.
" das Dach derselben brannte am 30. September 1875 ab.

Weissfrauenschule, gegründet 1813, neu eröffnet 17. Mai 1824.

Wendelstädt, Carl Friedrich, Maler, Inspector des Städel'schen Kunstinstituts, geb. 13. April 1786 zu Neuwied, gest. 16. Sept. 1840 zu Gent (Belgien).

Wenzel, wurde 10. Juni 1376 zum Römischen König erwählt.

Wettrennen, fand am 23./24. August 1863 auf den Feldern hinter der Galgenwarte statt.
" erstes des Rheinischen Rennvereins auf dem neuen Rennplatze am Forsthaus, fand am 20., 22. und 24. August 1865 statt.

Wettturnen, erstes, fand am 5. September 1841 statt.

Widmann, Benedict, Rector der Rosenbergerschule, geb. 5. März 1820 zu Bräunlingen (Baden).

Wiedereinnahme von Frankfurt durch hessische Truppen 2. December 1792. (Hier fiel Prinz Carl von Hessen-Philippsthal, geb. 6. November 1757.)

Wielandstrasse, benannt nach dem Dichter Christoph Martin Wieland (geb. 5. September 1733, gest. 20. Januar 1813).

Wiesenhütten-Denkmal, errichtet dem Freiherrn Ludwig Friedrich Wilhelm v. Wiesenhütten, welcher dem Versorgungshause sein Vermögen vermachte; geb. 8. November 1786 zu Darmstadt, gest. 8. August 1859 zu Stuttgart.

Wiesenhüttenplatz, benannt nach demselben.

Wilhelm II., Kurfürst von Hessen, starb dahier 20. November 1847 (geb. 28. Juli 1777).

Wilhelm-Augusta-Stiftung für Frankfurter Lehrerkinder, am goldnen Hochzeitstage des Kaisers Wilhelm und der Kaiserin Augusta, 11. Juni 1879, gegründet.

v. Willemer, geb. Jung, Maria Anna Catharine Theresia, Goethe's Freundin „Suleika", geb. 20. November 1784 zu Linz, gest. 6. December 1860.

Winckelmannstrasse, benannt nach dem Archäologen Johann Joachim Winckelmann (geb. 9. December 1717, gest. [ermordet] 8. Juni 1768).

Windmühle, wurde 1442 vor dem Untermainthor erbaut.

Winterhafen am Grindbrunnen, wurde 24. December 1857 unter Böllerschüssen eingeweiht.

Winterhalter, Franz Xaver, Kunstmaler, geb. 20. April 1805 zu Menzenschwand (Baden), gest. 8. Juli 1873.

Winterwerb, Georg Philipp, Kunstmaler, geb. 30. Januar 1827 zu Braubach a. Rh., gest. 5. Januar 1873.

Wittwenkasse der lutherischen Landprediger, gegründet 6. August 1726.

„ der Landschullehrer (von den FrankfurterOrtschaften), gegründet 1803.

„ der hiesigen Aerzte, gegründet 1. Mai 1820, geschlossen 30. April 1870.

Wittwen- und Waisenkasse der ordentlichen Lehrer am Gymnasium, gegründet 14. October 1722.

„ der lutherischen Volksschullehrer, gestiftet 1729.

„ „ Oberofficiere des hiesigen Linienmilitärs, gegründet 1788.

„ „ Civilbediensteten, trat in's Leben 1809.

„ „ ordentlichen Lehrer an den katholischen Schulen, gegründet 1822.

„ „ ordentlichen Lehrer an der Musterschule, gegründet 1828, nachdem schon 1805 fl. 500. — als Grundlage für dieselbe bestimmt waren.

„ „ Handlungscommis, trat in's Leben 1845.

„ zur Verbrüderung, gegründet 5. März 1865.

Wöhlerschule, eröffnet 25. April 1870 und Ostern 1876 in die Adlerflychtschule verlegt. Einweihung des neuen Schulgebäudes 21. April 1881.

Wöhler-Stiftung, gegründet 25. Januar 1846 bei Gelegenheit des 25jährigen Jubiläums des Präsidenten der Gesellschaft zur Beförderung nützlicher Künste etc., Dr. August Anton Wöhler (geb. 28. Januar 1771 zu Rinteln, gest. 19. Juli 1850).

Wöhlerstrasse, benannt nach demselben.

Wolff, Georg Carl, Pfarrer zu Hausen, berufen 1872, geb. 14. Dec. 1835.

Wolfseck, wurde als Wirthschaftslocal geschlossen und zu Läden eingerichtet 1861.

Zahnärztlicher Verein, gegründet 17. Januar 1863.

Zeichnungs-Institut, gegründet 26. August 1779 durch Kupferstecher Georg Joseph Cöntgen (gest. 28. Januar 1799).

Zeughäuser, bestanden schon 1386; das ansehnlichste war das Blydenhaus (Bleichstrasse 12), das 1667 erbaute war in der Biebergasse (4) und eines an der Coustablerwache, welches früher Findelhaus war.

Zitherclub, gegründet im August 1878.

Zollgebäude am Main, errichtet 1841.

Zollgewicht, trat dahier in's Leben 1. Juli 1858.

Zollverein, Eintritt Frankfurts in denselben 2. Januar 1836.

Zoologischer Garten, wurde am 8. August 1858 auf der Bockenheimer Landstrasse eröffnet; auf der Pfingstweide eröffnet 28. März 1874. Einweihung des Gesellschaftshauses 16. December 1876.

Zschokke, Johann Heinrich Daniel (Verfasser der Stunden der Andacht etc.), zu Ehren desselben fand im Jahre 1828 ein Gastmahl, veranstaltet von der Gesellschaft zur Beförderung nützlicher Künste etc. im ehemaligen Weidenhof (Zeil 70) statt. (Geb. 22. März 1771 zu Magdeburg, gest. 27. Juni 1848 zu Aarau.)

Zuchtpolizeigerichts-Verhandlung, die erste fand am 13. Januar 1857 statt.

Zünfte, erste Erwähnung derselben 1284.

   „ Empörung derselben gegen den Rath, 1355.

   „ grosser Aufstand derselben am 17. April 1525.

Zwerger, Johann Nepomuk, Professor der Bildhauerkunst am Städel'schen Kunstinstitut, geb. 28. April 1796 zu Donaueschingen, gest. 26. Juni 1868 zu Cannstadt.